商談・会議・雑談
でなぜか一目置かれる人が知っている

「数字」のコツ

(株)新経営サービス
シニアコンサルタント
山本峻平

あさ出版

はじめに

ビジネスの現場では、新聞やテレビで見聞きするニュースの概略を把握しておくことはもちろん、職種によってはさまざまなデータをおおまかにつかむことが求められます。企画書作成、プレゼンを行わなければならない場合もあるでしょう。

その時に必要なのが、**数字を把握し使いこなす技術**です。

ところが、社会人になったものの、数字の捉え方・扱い方がわからず、数字に苦手意識を持ち、避けている人がたくさんいます。

あなたも、そんなビジネスパーソンの１人かもしれませんね。

でも安心してください。**数字のコツさえつかめば、誰でもスムーズに仕事を進められるようになります**。

経理や投資業務など、数字をメインに扱う人を除けば実際の仕事の現場では、細かな数字を覚えたり、数字の方程式を駆使したりする必要はありません。日々の会議やお客様とのやりとりの中では、恥をかかない程度の、だいたいの数字を頭の中にインプットして、仕事の判断に活かせばいいのです。

重要なのは上司、同僚、取引先の言っている数字が、だいたいわかること。そして、わかりやすく相手に伝えられることです

たとえば、伝えるために大事なのは、最長でも3秒で言える範囲に数字をまとめることです。日本の人口（概算値）は、「1億2602万5000人」（令和2年1月1日現在）ですが、これを最後の1ケタまで言おうとすると、間違いなく3秒以上かかります。これだと、1億2000万以降の数値は相手の記憶には残りません。

皆さんの会社でも売上の管理、経費管理などさまざまな数値を追っていると思いますが、1円単位まで追いかけている会社は少ないでしょう。

だいたい「100万円下がったね」「前年比率で3%上がったね」という、ざっくりとした管理しかしていないはずです。

長くても3秒以内で口にできる数字に端折ってコミュニケーションをとる。それでいいのです。数字は物事をきちんと定義し、お互いの共通認識を持つために使う

ものだからです。

本書では、実際に私が現場で使っている数字の法則も紹介しています。数字の法則を、頭に入れておくことで得られるメリットは2つあります。

①思考のスピードが速くなる

ビジネスの現場では、さまざまな判断が求められ、時には瞬時に指示を出さなければならない場面があります。

そんな時に、本書で紹介する法則を頭に入れておけば、その法則の数字から仮説をスタートすることができます。もしこの法則が頭になければ、ゼロから情報収集をしなければならず、数倍の時間と労力がかかってしまいます。

②発言に説得力が加わる

細かな数字を3秒で言えることは、周囲から一目置かれる存在になる方法の1つです。同様に数字の法則を多く知っておくことは、「ちゃんと勉強しているなあ」

と思われるポイントでもあります。

本書で紹介する法則の多くは、優秀なビジネスパーソンの中では、「お作法」として当たり前に知られていることばかりです。「お作法」を知らなければ、優秀なビジネスパーソンの仲間に入ることはできません。

本書では、数字が人よりも苦手で、貸借対照表を「ちんしゃくたいしょうひょう」と読むくらいだった私が、経営・人事コンサルタントとして働くことができるくらい数字が得意になった経験をもとに、すべてのビジネスパーソンに知っておいてほしい「数字の法則」を紹介しています。

本書を通じて、読者の皆さんの日々の仕事の効率が向上し、一目置かれる存在となってくだされば幸いです。

2020年2月

山本峻平

第1章

ビジネスでは数字をザックリ覚えよう

第2章 できる人は「3」という数字をキーにしている

第3章

会社の数字は「5」のつながりで覚えよう

第4章

知っておきたい「ビジネス数字の法則」

校閲／槇 一八

第1章

ビジネスでは数字をザックリ覚えよう

数字の読み方を覚えよう

「カンマの法則性」で大きな数字を読み取る

数字を使って会話をする前に、そもそも数字の読み方がわからない人が多いように感じます。４ケタの数字であれば簡単に読み取れますが、ケタ数が多くなればなるほど、一目で読み取るのが難しくなります。

そこで、まずは数字の読み方を覚えましょう。数字が読めない人の中には、「，（カンマ）」がどういうルールで打たれているかを知らない人がたくさんいます。

数字の苦手意識を克服するには、まず**「カンマの法則性」**を覚えることです。九九のように覚えさえすれば、ケタ数の大きな数字をすばやく読み取ることができる

カンマの法則性

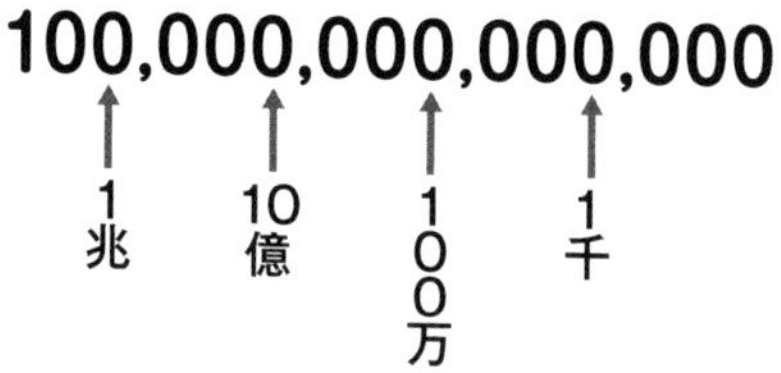

カンマの数	カンマの左の数字のケタ
1個	1千
2個	100万
3個	10億
4個	1兆

ようになります。

数字は4ケタ以上になると、3ケタごとに「,（カンマ）」が打たれます。

たとえば、「1,000」であれば、下から一・十・百の3つのケタの次にカンマが打たれます。「100,000,000」であれば、一・十・百の3ケタで1つ。次に千・万・十万の3ケタで1つ。次が百万、千万、億なので「100,000,000」は1億です。

読者の中には、1の位から、いち・じゅう・ひゃく・せん・まん……と順番に数えて1億までたどり着いた人もいるのではないでしょうか。

日常の買い物であれば、せいぜい10万円以内なので、1の位から数えていても支障はありませんが、ビジネスの場で1の位から順に数えていると、会議や会話のテンポについていくことができません。

1つ目のカンマは**「千」**、2つ目のカンマは**「百万」**、3つ目のカンマは**「十億」**と、**カンマの左側の数字の単位を覚えるようにしましょう**。「千　百万　十億」の3つだけ覚えれば、とりあえずついていくことができます。

では、ここで17ページにある問題を一度解いてみましょう。3秒以内にこの数字

【問題】

3秒以内に下記の数字を読んでください。

9,876,345,012

解説

①まず、カンマが何個あるか数えます。今回ならカンマは3つなので位は「十億」です。90 億が最大の数字です。

②次のケタは8なので、「98 億」。次は7なので、「98 億7000」です。

③その次にカンマの2つ目がきます。カンマの2つ目は「百万」なので、「98 億7600万」までは即答できるはずです。

答え **98億7634万5012**

を言えるでしょうか。

☑最小単位に注意しよう

数字の表し方は、使われる媒体によってさまざまです。

たとえば、上場企業の決算資料などを見ると、数字が書いている表やグラフの右上に（万）や（十万）、（百万）と書かれている場合があります（19ページ参照）。

これは、**「一番右側の数字が、その単位からスタートしますよ」**という意味です。

たとえば、（万）と書かれている表やグラフの中に、「5,000」と書かれているとしましょう。先ほどの例のように、カンマを「千　百万　十億」で読むのなら、単純に5000となりますが、今回はそうではありません。万からのスタートです。

つまり、「万　十万　百万　千万」となり、今回の場合は、5000万となります。

こういった例を出すと、「結局カンマごとに区切っても、1から数えないといけ

トヨタ自動車の損益計算書の数字

（「トヨタ自動車2019年3月期　連結損益計算書」より改変）

（単位：百万円）

項目	当連結会計年度
売上高合計	30,225,681
売上原価並びに販売費及び一般管理費合計	27,758,136
営業利益	2,467,545
その他の収益・費用合計	△182,080
税金等調整前当期純利益	2,285,465
当社株主に帰属する当期純利益	1,882,873

ないじゃないか」と思う人もいるかもしれません。

しかし、実際に使われる（万）や（十万）のパターンはそう多くありません。

次のページにケタ数に対応したカンマの読み方を記したので、ぜひ覚えてほしいと思います。

カンマの数とカンマの左の数字のケタ

(最小単位:一)

カンマの左の数字のケタ / カンマの数	(一)	(十)	(百)	(千)
1個	1千	1万	10万	100万
2個	100万	1000万	1億	10億
3個	10億	100億	1000億	1兆
4個	1兆	10兆	100兆	1000兆

(最小単位:万)

カンマの左の数字のケタ / カンマの数	(万)	(十万)	(百万)
1個	1000万	1億	10億
2個	100億	1000億	1兆
3個	10兆	100兆	1000兆
4個	1京	10京	100京

【問題】

下記の数字を１秒で読み取ってください。会社で業績報告をするような緊張感を持って、答えてみましょう。

問題① 単位（百）

4,578,938

問題② 単位（千）

56,784,959,601

問題③ 単位（万）

76,849

問題④ 単位（十万）

3,638,696

問題⑤ 単位（百万）

6,321,853

答え① **4億5789万3800**

答え② **56兆7849億5960万1000**

答え③ **7億6849万**

答え④ **3638億 6960万**

答え⑤ **6兆3218億5300万**

数字をつかむ基本は「倍数」と「分数」

ニュースの意味をすばやくつかむコツ

続いては、数字の規模のつかみ方です。

数字が得意な人は、ざっくりと全体像をつかむことに長けています。全体像をつかんだあとに、細かな数字に落とし込んで「自分ごと化」していきます。

ポイントは**「倍数」で全体像をつかみ、「分数」で自分ごと化すること**です。

たとえば、「1万の1万倍は？」と聞かれて、即答できるでしょうか。

これも、コツさえ覚えれば、おおよその数をすばやく計算できるようになります。

25ページに、数字の全体像をつかんで自分ごと化するための、数字の対応表を掲載しました。

この表をもとに、日常で数字が出てきた時に、頭の中で倍数、分数の計算をして、トレーニングしてみてください。

この感覚をつかむことができれば、日々のニュースを自分ごととして捉えることができます。


たとえば、2019年の日本の国家予算は100兆円超でした。

100兆円と聞いても、その数字が自分の生活にどう関係するのか、よくわかりません。

しかし、この予算も、もとをただせば我々国民1人ひとりの税金から捻出されているものです。「自分ごと化」にするために、1人当たりどのくらいの負担になるかを考えてみましょう。

日本の人口が約1・2億人だとすると、1人当たりは〈100兆÷1・2億円＝約80万円〉です。つまり、1人当たり80万円程度の負担で、国家予算が成り立つこ

数字の倍数対応表

全体像を把握したい場合

もとの数＼倍数	10倍	100倍	1,000倍
10,000	100,000	1,000,000	10,000,000
1,000	10,000	100,000	1,000,000
100	1,000	10,000	100,000
10	100	1,000	10,000
1	10	100	1,000

自分ごと化したい場合

もとの数＼分数	1/10倍	1/100倍	1/1,000倍
10,000	1,000	100	10
1,000	100	10	1
100	10	1	0.1
10	1	0.1	0.01
1	0.1	0.01	0.001

とになります。

２０１８年度の日本の税収は約60兆円です。ですから、〈60兆÷１・２億＝１人当たり約50万円〉が、私たちが負担している金額です。

税収の年度と予算の年度が異なるので単純に比較はできませんが、１００兆円の国家予算を組むために必要な金額が、国民１人当たり80万円だとすると、国家予算から税収を引いた残りの30万円が不足します。

不足した分は毎年、国債（国の借金）によって補われていることになります。

そして、この国債は２０１９年３月末時点で約１１００兆円（１１０３兆３５４３億円）にも膨れ上がっています。

これは、国民１人当たり、約１０００万円の負担です。この借金は私たちの子どもや、孫の世代に引き継がれることになるでしょう。この負担に耐え切れなくなった時は、増税や行政サービスの低下など、さまざまな影響が私たちの身にふりかかってきます。

このように単にニュースを見ているだけは、自分ごととして捉えられませんが、

1人当たりとすることで、その数字が自分にとってどんな意味を持つのかがわかってくるようになるのです。

☑ 気に入った電卓を持つことに意味がある

こう説明しても、「そうはいっても、やっぱり数字は苦手……」という人も少なくないかもしれません。

そうした人が数字に対する苦手意識をなくす、ごく簡単な方法は、**電卓を常に持ち歩くこと**です。

会社の打ち合わせや仕事にまつわる日々の雑談の中でも、数字が出てくるシーンはたくさんあります。

たとえば、営業会議が終わったあとのことを考えてみてください。今期の目標と当月の実績はスラスラ言うことができるでしょう。ところが、累計や前年同月比、利益率、傾向値などの数字をスラスラ言える人はなかなかいません。多くの人は会議の15分前に慌てて見て、会議が終わればすっかり忘れているものです。

数字の根拠やロジックのことを「数字のＷＨＹ」と私は言っていますが、「数字のＷＨＹ」を追求するには電卓は不可欠です。手元に電卓を持つだけで、出てきた数字の根拠をすばやく追うことができます。「数字のＷＨＹ」に関心のある人は例外なく数字に強いものです。


では、日頃使う電卓はどんなものがよいのでしょうか。

税理士や経理担当者などの実務家であれば、複雑な計算のできる大きい電卓が必要ですが、我々が使うのはせいぜい四則演算レベルです。**小さくて、持ち運びができるものが望ましい**でしょう。

私の使っているＭＩＬＡＮというスペインの８ケタポケット電卓は、利便性がよく、カラーバリエーションも豊富で、持っているだけで所有感も満たされます。

この所有感が満たされるところが案外ポイントです。

電卓は人前で出すことが多いので、自分が気に入らない電卓だと、使いたくなくなってしまいます。

スマートフォンにも電卓の機能がありますが、スマートフォンを操作しながらビジネスの打ち合わせをするのは、失礼だと考える人も多いので、ちゃんとした電卓のほうがベターです。ちなみに、電卓を人前で出すことはマナー違反ではありません。

ぜひ自分のお気に入りの電卓を見つけて、会話に数字が出てきたら電卓を出す癖をつけてください。

「基準」を持てば数字に強くなれる

「自分ごと化」で基準を見つけよう

私は仕事柄、多くの経営者とお会いします。多くの経営者に共通するのは、「数字に強い」ということです。

ところが、経営者の全員が理系出身で高学歴かというと、まったくそんなことはありません。

であるのに、なぜ経営者は数字に強いのでしょうか。

理由の1つ目は、**数字に対する責任感が一般社員とはまったく違うこと**です。当然のことながら、経営者には会社のお金について、身銭を切っている感覚があるため自分ごとで捉えているのです。

2つ目は、経営者の頭の中に、月次の売上や毎月の人件費、毎月の入金、支出などの**「基準」が明確にあること**が挙げられます。

常に自分なりの基準をモノサシにして数字を見るため、判断が早く、数字に強くなるのです。ある基準に沿って、高いか、低いか、その高低は何%くらいなのか、どれくらいまでが許容レベルなのか等々をもとに判断を下します。その基準は数字をずっと自分ごととして捉え、多くの成功体験や失敗体験を経て培われたものでしょう。

そうはいっても、我々一般のビジネスパーソンは、経営者ではないので、会社や業界の数字に対する執着心などはなかなか持てません。

そこで、一般のビジネスパーソンの我々でも、会社の数字を「自分ごと」として捉えられる方法をお教えしましょう。「毎月の給料」を「会社の売上」として捉え、自分の家計を「経営」するつもりで考えてみるのです。

☑毎月の給料を会社の売上に置き換えよう

我々ビジネスパーソンは、よほどのことがない限り、毎月決まった給料が銀行口座に振り込まれます。

毎月の給料から、食費や家賃、光熱費や携帯電話代、保険代などの必ず支払わなければならない費用を差し引くと、自由に使えるお金が残ります。そこから毎月の貯金金額を差し引けば、自由に使えるお金はさらに少なくなります。

当然、家賃の高いところに住んだり、高級な食事にたっぷりお金を使ったり、携帯電話代を上げたりすることはできなくなります。「自分の給料だと、これ以上の家賃はきついな。趣味に使えるお金はこれくらいかな」という、基準がわかってくるからです。

一方、会社の収入は売上です。しかしその売上から、事務所の家賃、従業員へ支払う給料などの固定費（必ず支払わなければならない費用）などのさまざま費用を差し引けば、自由に使えるお金はとても少なくなります。場合によっては、ほとんどなくなったり、マイナスになったりするケースもあります。

しかも、会社は毎月決まった売上が入ってくるわけではありません。昨今のVUCA《ブーカ》（Volatility［変動性］、Uncertainty［不確実性］、Complexity［複雑性］、Ambiguity［曖昧《あいまい》性］）ワールドの時代では、いつ売上が減少するかわからないのです。

だから、経営者は、売上や利益、各種の費用に至るまで、それぞれ基準を頭の中に入れてものごとを判断していきます。

このような状況の中で、活動するうえで必ず発生する「ランニングコスト」を増やすことはできません。

要するに、個人も会社も、基準は同じことなのです。この感覚を身につけると、会社の数字をよりリアルに捉えられるようになりますし、会社に対して「社員にもっと還元してほしい」などと、簡単には言いづらくなるでしょう。

もちろん会社には、人件費を投資と考えて積極的に人員を増やすべきタイミングもあります。我々の生活でも、会社の近くの家賃の高いマンションに住んで、時間面、健康面でのメリットがあり、そのうえ交通費も抑えられる——ということであれば、これも投資と捉えることもできます。

大事なのは、基準を持ってお金の使い方に関する判断軸を出せるようになることです。

雑談で役立つ「基準の数字」

知っておきたい3つの「基準の数字」

取引先や同僚との雑談も、ビジネスでは大切な仕事の1つです。相手が会社や業界の上位者であればあるほど話の中の情報量も豊富で、知らない情報や数字もたくさん出てきます。

数分間であれば、知らないことでも相づちを打ちながらやり過ごすこともできるでしょうが、会食などで長時間をともに過ごす場合は、そうもいかなくなります。

そんな時に重要なのが、**「基準の数字」**です。

とはいえ、世の中にある「基準の数字」をすべて覚えることは到底できません。

そこで、今回はビジネスパーソンとして、これだけは知っておいたほうがよい３つの「基準の数字」を紹介しましょう。すぐに使うタイミングがくるかどうかはわかりませんが、「数字の教養」として身につけておけば、雑談の時に一目置かれることは間違いありません。

☑ ①世界各国のＧＤＰ

ＧＤＰ（国内総生産）は、一定期間内に国内で生み出された付加価値の総額のことで、「Gross Domestic Product」の略です。

日本の名目ＧＤＰは約５００兆円です。アメリカは、約２１００兆円で日本の約４倍、中国は約１３００兆円で日本の約３倍です。

アメリカ、中国、日本に次ぐのがドイツで、ドイツのＧＤＰは約３９５兆円で日本の約０・８倍、その次がイギリスで約２８０兆円、日本の約半分です。

いかに1位のアメリカと2位の中国のＧＤＰが大きいかがわかるでしょう。

ここでも、細かな数字を覚える必要はありません。**日本の名目GDPが約500兆円**であることと、**アメリカは日本の約4倍、中国は約3倍**とだけ覚えておきましょう。

海外進出などを検討する際にも、毎年のGDPを観察しておけば、成長性のある国、そうでない国の判断もつきます。

②世界各国の国土面積

日本の面積は、約37万8000平方キロメートル（377,971㎢）です。

世界一広いといわれる**ロシアは、約1700万平方キロメートル**（17,098,246㎢）で、**日本の約45倍**の大きさです。

2番目に広いカナダは約998万平方キロメートル（9,984,670㎢）、3番目に広いアメリカは約983万平方キロメートル（9,833,517㎢）で、日本の約26倍もあります。中国の面積もほぼ同じです。

さて、こう比べてみると日本は小さな島国だと思いがちですが、果たして本当に小さいのでしょうか。

国土面積ランキングでは、日本は１９４カ国中61位であり、真ん中よりも上位に位置します。

また、島国に限れば本州は約23万平方キロメートル（231,127㎢）となり、世界第7位の大きさです。1位はデンマーク領のグリーンランドで、約２１７万平方キロメートル。（2,166,000㎢）大きさは日本の本州の約9・4倍です。

近隣に中国やロシアなど大きな国があることで、「小さい」と認識するのかもしれませんが、このデータからは日本は決して小さな島国ではないことがわかります。

③日本経済の地域格差

「県民経済計算」という指標があります。

これは、「都道府県（以下県という）内、あるいは県民の経済の循環と構造を生産、分配、支出等各方面にわたり計量把握することにより県経済の実態を包括的に明らかにし、総合的な県経済指標として、県の行財政・経済政策に資すること」を目的とする指標です。

要は、各都道府県当たりどれだけ稼いでいるかを示す指標と言っていいでしょう。やや古めではありますが、平成28年度のデータを紹介します。

東京都は約105兆円（1044700億円）で全国1位。逆に**最下位は鳥取県で約1・9兆円（186407億円）**。その差は**約55倍**です。大阪府は約40兆円（389950億円）、愛知県も約40兆円（394094億円）となっています。

東京・名古屋・大阪を3大都市などと言いますが、実際は東京1強という感じです。

また、この県民経済計算は、県民所得との関連があります。県民1人当たりの所得（平成28年度）で言うと、東京都は534万8000円、鳥取県は240万7000円と倍以上の差があります。大げさに言えば、稼ぎたければ県民経済生産の高い地域で働くほうが効率はよいといえます（もちろん、給与水準も高く、働きやすい環境を整えている企業は、地方にはたくさんあります）。

このように数字で見ると、東京の一極集中と地方の弱体化がより鮮明になります。

この数字の傾向（東京が高く、地方が低い）は、今後も広がっていくでしょう。政府は最低賃金を全国平均で１０００円まで引き上げようと、毎年20円以上のペースで引き上げています。県ごとの生産値が異なるのに、最低賃金を全国平均で引き上げるのは、地方で企業を営む経営者からすると、たまったものではないという感想をよく聞きます。

数字で「あいまいさ」をなくす

ここで、「大きい・小さい」「多い・少ない」などと表す時の考え方について説明しておきましょう。

「大きい・小さい」といった程度は、相対的な要素と絶対的な要素の２つで決まります。

●相対的……他者と比べることによって表現する方法

県内総生産と1人当たり県民所得

(内閣府　県民経済計算[平成18年度 - 平成28年度]より改変)

県内総生産(生産側、名目)

※支出側も同じ

(単位:百万円)

都道府県	平成28年度
東京都	104,470,026
愛知県	39,409,405
大阪府	38,994,994
鳥取県	1,864,072

1人当たり県民所得

(単位:千円)

都道府県	平成28年度
東京都	5,348
愛知県	3,633
大阪府	3,056
鳥取県	2,407

●絶対的……尺度のように、数字や単位などの一定の基準を使って表現する方法

数字を使って話すことが大事なのは、この相対的な尺度が人によってさまざまだからです。

私は辛いものが大好きで、よく「蒙古タンメン中本」という激辛タンメン屋に行くのですが、そこでは辛さを表す単位に「唐辛子の本数」を使っています。

実際に使っている唐辛子の本数ではなく、辛さの単位としての本数です。

たとえば、唐辛子の本数がゼロ本なら、辛みゼロ。2~3本ならやや辛い。5本以上だとかなり辛い、といった具合です。

ただ、この唐辛子の本数も、辛いものが好きな人と、そうではない人が食べるのでは感じ方はまったく違うでしょう。この唐辛子の本数の表し方はあくまで、激辛ラーメン屋さん内での相対的な表現だからです（ゼロ本は絶対的な表現です）。

同様に、「大きい・小さい」「遅い・早い」、という表現も人によって、何と比べ

ているかによって捉え方がまったく異なります。

数字で表現すれば、こうした個人の認識の差やあいまいさを排除することができます。数字で表すことは、認識を共通させ、お互いの理解をそろえ、それによってビジネスをより早く前に進めるとともに、ミスを減らすための秘訣なのです。

雑談で役立つ「ピークの数字」

ピークの前後の動きで傾向がわかる

前の項では、「点」の数字をお伝えしてきましたが、次は数字を「線」で捉える方法をお伝えしましょう。

ポイントは、グラフでも統計データでも、**「ピーク」を見つけ、「ピーク」と比べて、いまはどうなのか？　そして今後はどうなるのか？　という視点で捉えること**です。ちなみに、「ピーク」は、一番上、もしくは一番下（ボトム）の結果となった点を表します。

では、日本人の平均年収の推移を見てみましょう。

日本人の平均年収は、**1997年がピークで1人当たり467万円**です。そこからゆるやかに減っています。

国家予算は1997年で約78兆円、2015年で約96兆円と、平均年収が下がっているにもかかわらず予算は上がり続けています。

前項でお話しした通り、予算が上がればその分、国民1人ひとりの負担は増えます。消費税や社会保障費などは20年前と比べて増えているのに、1人ひとりの手取り額が減少しているのであれば、生活は苦しくなって当然です。

最近の若者は車を買わず、いい時計もほしがらないと揶揄《やゆ》されますが、そもそもお金がないので買えない、今後も給料が上がるかどうかもわからないので買わない、といったほうが正しいといえます。

☑ 施策を探すための「プロダクトライフサイクル」

ピークがわかるとその業界の成長時期、撤退時期がわかります。

視点を狭めてみると、**「プロダクトライフサイクル」**という考え方が役に立ちます。

「プロダクトライフサイクル」は製品ライフサイクルともいわれ、製品やサービスの導入から衰退までの流れを、大きく４つの時期に分けたものです。

①導入期……製品・サービスの知名度も低く、いくらマーケティングをしても、それに見合う売上や利益が生み出しにくい時期です。

②成長期……製品・サービスが市場に浸透し始めて、マーケティングに見合った売上や利益が生まれ始めるが、同時に競合他社なども参入し始める時期です。

③成熟期……製品・サービスが広く市場に知れ渡り、真新しさだけでは売れなくなる時期。この時期で重要になるのは他との差別化です。

④衰退期……売上が減少し始め、市場から撤退する、または製品・サービスを革新するなどの判断が求められる時期です。

製品を市場に浸透させ売っていくには、右記のような4つの時期を経るのが一般的です。導入期の施策、成長期の施策などはさまざまですが、この4つの期はだいたい同じくらいの期間が必要になります。つまり、「導入期の期間=成長期の期間=成熟期の期間=衰退期の期間」ということです（製品・サービスによって多少差はあります）。

たとえば、「iPhone」でいうと、販売台数がもっとも多かったのは2015年です。登場したのが2007年ですから、

2015－2007=8年
8年÷2=4年

となり、「4年」が導入期と成長期の年数です。
となると、導入期は2007～2010年、成長期は2011～2014年、成

成熟期は2015~2018年、衰退期は2019~2022年となります。

2018年には「iPhone XR」や「iPhone XS」など新機種が続々と発売され、2019年には「iPhone11」「iPhone 11Pro」などが発売されました。続々と新商品を発売するのは衰退期の兆候です。

また、アップルはアップルミュージックなどのサブスクリプション（継続課金）型のサービスに力を入れることも宣言し、販売台数の公表も差し控えるようになっています。

新聞、テレビ、雑誌、なども、インターネットの台頭で衰退するといわれていますが、なかなかゼロにはなりません。なぜなら、導入がかなり前だからです。一気にゼロにならず、長い時間をかけてなくなっていく。減りはするけれどもなかなかなくならないという状況が今後も続くはずです。

では、ご自身の会社における売上高、もしくは利益高が一番高い時期はいつでしょうか。自社の売上高が一番高い時期を振り返ることは、自社の理解を深める重要なポイントです。

売上高が一番高い時期は、環境条件に恵まれたか、いい施策・戦略などを実行した時で、そこに、自社の特色や判断軸が強く出ていると見ることができます。

逆に言うと、売上高が下がっているのであれば、環境、施策、判断などのいずれかが悪いのです。先ほどお伝えした製品ライフサイクルに当てはめて、必要な施策を取り続ける必要があります。

「ニュースの数字」のピークを見てみる

令和に入り、センセーショナルな殺人事件のニュースが続いています。時代が進むにつれ殺人件数が増えているように感じますが、実際はどうなのでしょうか。

やや古いデータになりますが、厚生労働省のデータの他殺による死亡者数を見ると、2017年は288人、2016年は290人です。

２００７年（２０１７年の10年前）は５１７人で、１９９７年（２０１７年の20年前）は７１８人です。

実は、**殺人で命を落とす人の数は激減している**のです。

世界と比べると、２０１７年の人口10万人当たりの殺人発生件数ランキングでは、日本は０・24件で１６８位（１７４カ国中）とかなり低水準となっています。１位は、エルサルバドルで61・71件です。アメリカは、５・32件で65位、中国は、０・56件で１５６位です。

日本はほかの国と比べて、殺人件数はかなり低い社会です。

では、交通事故の数は、どのような推移をたどっているのでしょうか。

高齢者の事故がマスメディアで取り上げられるので、増えているような気がしますが、実際は２００４年の95万２７２０件をピークに少しずつ減少し、２０１７年は47万２１６５件となり、２００４年と比べて50％を切るまでになっています。

交通事故も他殺による死亡者数と同じように減少しているのです。

また、交通事故による死亡者数は、1949年の3790人が最小でしたが、2017年は最小記録を更新し3694人となり、その後も更新を続け、2019年は過去最小の3215人となりました。

ほとんどの人が自家用車を持っていなかった時代よりも、事故件数は減っています。

2019年の交通事故による死亡者数は、1970年に対して19%となり、自動車の設計や技術力の向上によって、交通事故による死亡事故が大幅に減少しているのです。

このように、ピークを捉えその前後の動きを見ていくと、会社やニュースの事実は、私たちの感覚とはずいぶん異なることがわかります。

雑談で役立つ「ナンバーワンの数字」

☑話をはずませるナンバーワンの数字

「ナンバーワン」は、とても大きな威力を持っています。

日本で一番高い山は「富士山」、日本で一番大きい湖は「琵琶湖」、日本で一番高い建物は「スカイツリー」です。

「ナンバーワン」だから、誰でも当たり前に知っているのです。

ナンバーワンというだけで知名度や認知度が格段に上がり、話題にも事欠きません。ビジネスの場でも、ナンバーワンを覚えておくと一目置かれるきっかけになります。

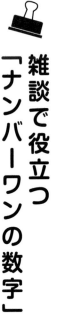

☑ 世界一の「経済大国・経済統合体」

世界一の経済大国は、36ページで紹介した通り**アメリカ**で、2位は中国です。

では、国ではなく、地域別の経済統合体（経済的発展を目指すための、さまざまな国の集合体）別、経済圏で見た場合ではどうなるのでしょうか。

一番に思い浮かぶのはEU（欧州連合）でしょう。

ところが実際は、55ページの表の通り、**NAFTA（北米自由貿易協定）**がGDP1位となり、EUは第2位となっています。

NAFTAが1位の理由は、アメリカが牽引していることが大きいです。

☑ 世界一話されている「言語」

世界で一番話されている言葉は、想像の通り**中国語**です。

中国語を母国語として話す人の数は、13億7000万人いるといわれています。

2位は英語で、母国語話者は5億3000万人。1位の中国語のおよそ3分の1の数字です。3位はヒンディー語で、母国語話者は4億9000万人。4位はスペイン語で、母国語話者は4億2000万人という数字です。

日本語は9位で、母国語話者は1億3400万人となっています。

日本人は英語が話せない人が多いといわれますが、その原因の1つとして、日本だけで経済が成立することが挙げられます。

日本はGDPも高水準で、ほかの国に移住しなくても就職し、生活していくことができます。わざわざ他言語を学ばずとも生活できることが理由でしょう。

世界一の「時価総額産業」

世界の時価総額上位3000社に入る企業の時価総額は、2017年末には約66兆ドルとなっています。産業別に見てみると、1位が**金融業**で14兆1180億ドル、2位はソフトウエア・コンピュータサービス業で、4兆5640億ドルとなってい

世界の経済共同体

（アジア大洋州局地域政策参事官室「目で見るASEAN」
他の地域経済統合体との比較［2018年］より改変）

名称	加盟国	人口	GDP	1人当たりGDP	貿易（輸出+輸入）
東南アジア諸国連合（ASEAN）	10カ国	6億5,390万人	2兆9,690億米ドル	4,540米ドル	2兆8,527億米ドル
欧州連合（EU）	28カ国	5億1,321万人	18兆7,486億米ドル	36,531米ドル	12兆8,772億米ドル
北米自由貿易協定（NAFTA）	3カ国（アメリカ、カナダ、メキシコ）	4億9,042万人	23兆4,272億米ドル	47,770米ドル	6兆830億米ドル
南米共同市場（MERCOSUR）	6カ国	3億459万人	2兆6,242億米ドル	8,615米ドル	6,661億米ドル

ます（57ページ参照）。

☑世界一「読まれている本」

世界で一番発行されている本は聖書やコーランなどといわれますが、正式な記録はありません。

では、宗教や政治色の強い作品を除いて、世界で一番読まれたとされる本はなんでしょうか。

それは、スペインの作家セルバンテスの**『ドン・キホーテ』**です。ドン・キホーテは、世界54カ国の著名な文学者100人の投票による「史上最高の文学百選」で1位を獲得している書籍でもあります。

2位は、イギリスの作家J・K・ローリングの『ハリーポッター』シリーズです。

3位は、同じくイギリスの作家ディケンズの『二都物語』です。

これまでに刊行されたベストセラーの本をすべて読破するのは難しいかもしれま

産業・業種別の時価総額と純利益の変動

（三井物産戦略研究所「世界の産業の潮流と成長領域」より改変）

	2017年			
	時価総額（10億ドル）	純利益（10億ドル）	構成比	社数
時価総額3,000社	65,983	3,411	－	3,000
小計（情報）	11,701	511	－	379
ソフトウエア・コンピュータサービス	4,564	119	6.9%	117
テクノロジー・ハードウエア・機器	3,247	145	4.9%	111
通信サービス	2,479	166	3.8%	84
メディア	1,410	81	2.1%	67
小計（to C）	21,390	934	－	960
自動車・部品	2,022	153	3.1%	96
電気・電子機器	1,554	81	2.4%	85
パーソナル用品・家庭用品	3,535	208	5.4%	159
食品・飲料	3,053	118	4.6%	139
小売	3,863	127	5.9%	154
ネット通販	1,292	11	2.0%	17
その他小売	2,572	116	3.9%	137
旅行・レジャー	1,815	87	2.8%	111
ヘルスケア機器・サービス	1,596	59	2.4%	76
医療・バイオテク	3,951	103	6.0%	140
小計（to B）	17,686	888	－	1,024
鉱業	773	49	1.2%	43
ガス・水道・マルチユーティリティ	683	44	1.0%	50
電力	1,416	82	2.1%	93
石油・ガス精製	3,579	190	5.4%	110
石油機器・サービス・販売	753	23	1.1%	44
代替エネルギー	68	2	0.1%	6
化学	1,869	95	2.8%	122
工業用金属・深鉱	928	55	1.4%	72
建設・資材	1,146	62	1.7%	96
林業・紙業	135	8	0.2%	13
一般産業	1,287	48	2.0%	58
エンジニアリング	1,538	56	2.3%	112
航空宇宙・防衛	969	45	1.5%	40
産業輸送	1,268	71	1.9%	80
サポートサービス	1,276	57	1.9%	85
小計（金融・不動産）	15,207	1,078	－	637
金融	14,118	972	21.4%	550
不動産	1,089	106	1.7%	87

せんが、ビジネスパーソンとして最低でもあらすじは知っておきたいところです。

☑ 世界一「眠らない国民」

活動量計を開発・販売する「ポラール・エレクトロ・ジャパン」が、2017年に活動量計で測定した睡眠データをもとに日本人の平均睡眠時間を発表しました。**男性が6時間30分、女性は6時間40分となり、28カ国中最短でした**。

日本人の平均睡眠時間が短い原因は、通勤に時間がかかることが挙げられます。平均の通勤時間は後述しますが、諸外国と比べて、その長さが睡眠時間に影響しているのでしょう。

とある研究では、6時間の睡眠を2週間続けると、仕事のパフォーマンスは、寝ていない状態と同レベルまで落ちるという結果が出ています。

よい仕事をするためにも、睡眠は最低7時間取りたいところです。

☑ 世界一の「国際特許出願国」

技術力や独創性の高さを表す特許ですが、国別に見るとどういった出願状況なのでしょうか。ここでは、世界知的所有権機関（WIPO）が管轄する、特許協力条約に基づく国際特許出願数を紹介しましょう。

1位は**アメリカ**の5万6142件です。2位は中国で5万3345件登録されています。3位は日本の4万9702件で、4位がドイツで1万9883件となっています。近年では、中国の特許出願数が著しく伸びる傾向にあります。

☑ 世界一の「ノーベル賞受賞国」

国別のノーベル賞受賞者数は、第1位 **アメリカ**（352人）、第2位 イギリス（112人）、第3位 ドイツ（82人）、第7位 日本（25人）となっています（63ページ参照)。

日本は1位のアメリカと比べると、まだまだ少ないように感じます。

理由の1つは、発見から受賞までのタイムラグが長いことが考えられます。

たとえば、山中伸弥氏はiPS細胞を2006年に発見していますが、ノーベル賞の受賞年は2012年で、6年のタイムラグがあります。それでも6年間というのは大変短いほうです。

2018年にノーベル生理学・医学賞を受賞した本庶佑氏は1992年には「PD-1遺伝子」を発見していますが、受賞までには26年もの歳月がかかりました。

2019年にノーベル化学賞を受賞した吉野彰氏は、リチウムイオン電池のもとになる電池を1985年に開発していますが、受賞までには34年もの歳月がかかっています。

ノーベル賞は世界的な権威であるぶん、研究結果の精査や査読には長い時間がかかるのでしょう。

ノーベル賞を受賞した日本人も、20年ほど前の研究結果をいま評価され、受賞し

国際特許出願数上位10カ国

(WIPO　2019年 PCT年次報告「国際段階に関する統計」より改変)

順位	国名	出願数
1	アメリカ	56,142
2	中国	53,345
3	日本	49,702
4	ドイツ	19,883
5	韓国	17,014
6	フランス	7,914
7	イギリス	5,641
8	スイス	4,568
9	スウェーデン	4,162
10	オランダ	4,138

ているものが多いといえそうです。

加えてノーベル賞には、基礎研究分野（すぐに使えるとは限らないが、科学の発展や成長に非常に大事な分野）が受賞されることが多いです。GDP世界第2位の中国のノーベル賞受賞者が少ないのは、基礎研究が成熟するまで十分な年月が経過していないことが挙げられるでしょう。

参考までに、64ページに各国の研究開発費の推移を紹介します。

日本はゆるやかに減少傾向にありますが、世界各国では上昇傾向です。

企業で考えるならば、設備投資や研究開発費を絞れば、その分新たな分野での成長は見込めなくなります。

短期的な利益も重要ですが、中長期を見越した投資が今後さらに重要になってくるでしょう。

国ごとに通貨やGDPなどが異なるので単純に比較はできませんが、それぞれの国がどのようなスタンスでいるかは、おわかりいただけるのではないでしょうか。

ノーベル受賞者数上位10カ国

（文部科学省「国別・分野別のノーベル賞の受賞者数（1901～2017年）」より改変）

順位	国名	受賞者数
1	アメリカ	352
2	イギリス	112
3	ドイツ	82
4	フランス	59
5	スウェーデン	32
6	スイス	28
7	日本	25
8	ロシア（旧ソ連含む）	20
9	オランダ	17
10	イタリア	14

主要国における研究開発費総額の推移

（科学技術・学術政策研究所　科学技術指標2018「主要国における研究開発費総額の推移」より改変）

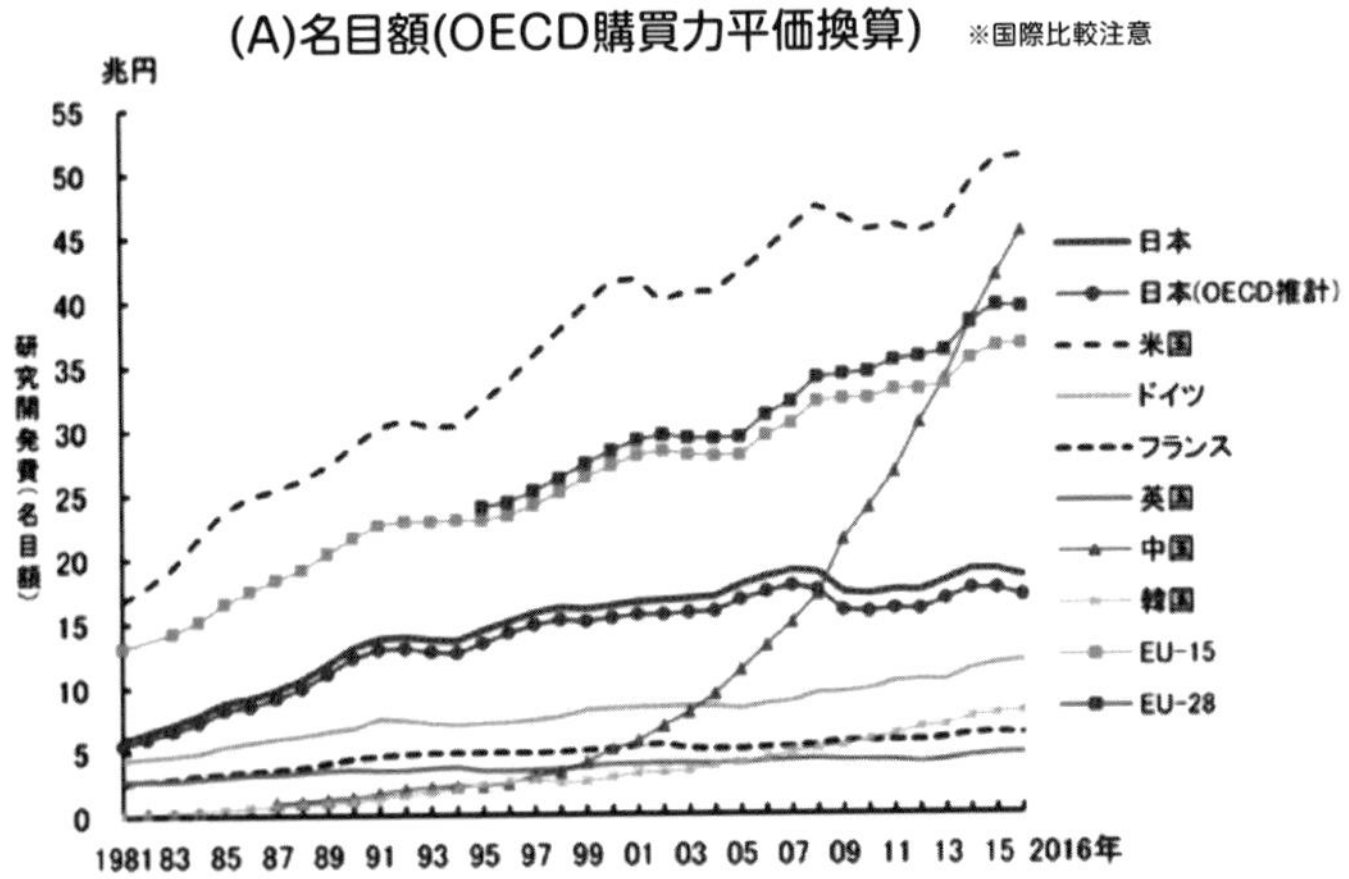

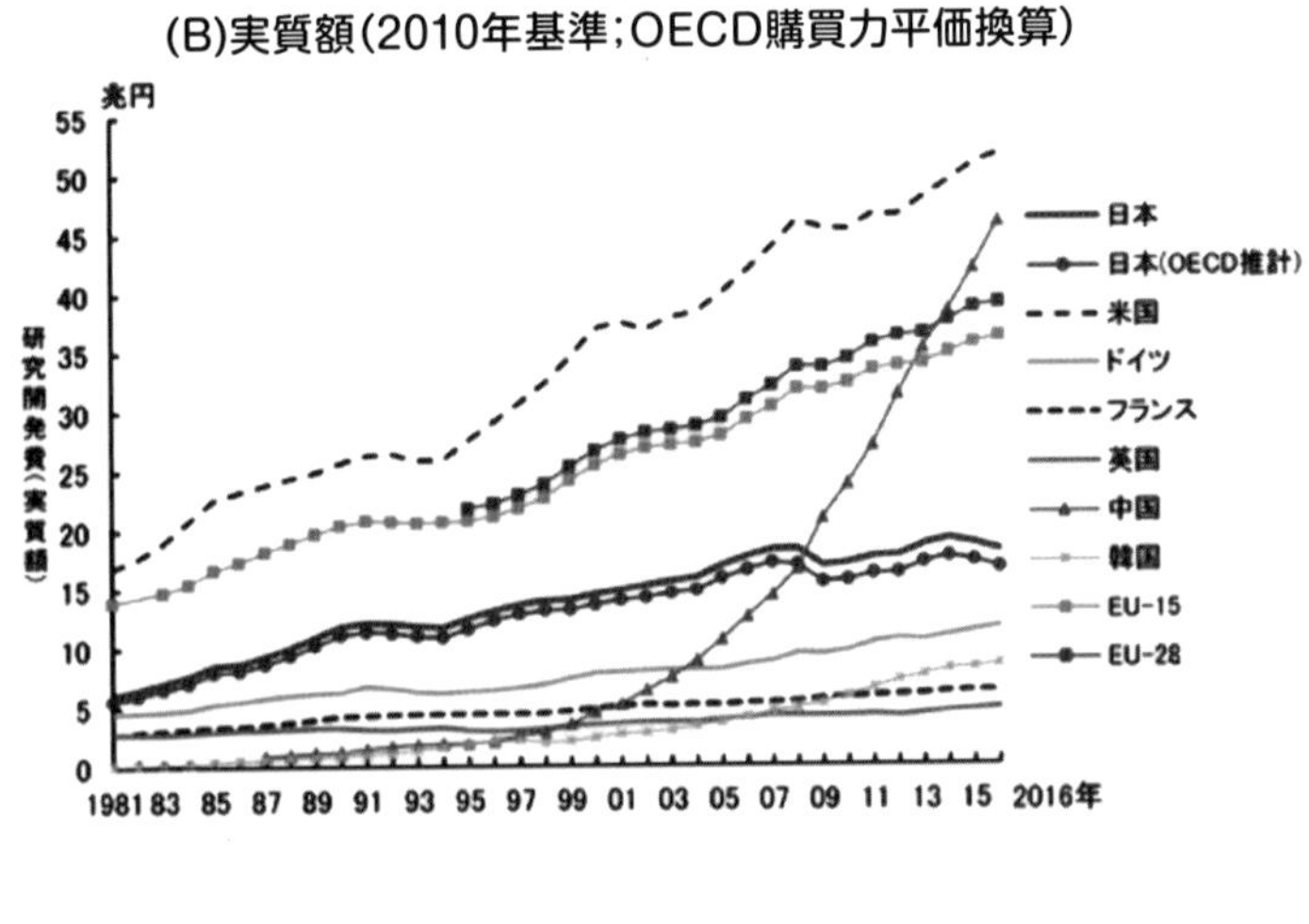

「人事の数字」の世の中の平均値は？

①平均労働分配率

本章の最後に、「人事の基準の数字」を見ておくことにしましょう。「人事の数字」を知ると、自社の良し悪しの判断ができるようになります。

「人事の数字」は数多くありますが、ここでは代表的な4つの数字を紹介します。ちなみに、数字の良し悪しは、同業他社の統計データとの比較になり、比較対象の同業他社が自社と100％同じビジネスモデルであるとは限りません。

そこを踏まえたうえで統計データを見ることも、統計データに触れる際のポイントです。

労働分配率という指標をご存知でしょうか。

これは、企業が生み出した付加価値のうちの、どれだけが労働者に分け与えられているか（なので「分配」）を示す指標で、〈人件費÷付加価値額〉で算出されます（付加価値額は、売上から仕入れや材料費、外注費を差し引いた粗利益と考えてください）。

労働分配率が高ければ高いほど儲けは社員に還元されており、低ければ還元されていないことになります。

労働分配率の全業種平均は50％です。企業が生み出した価値の50％が、労働者に支払われていることになります。

☑

②平均付加価値額

労働分配率を全社的に上げるためには、

①分子の人件費を上げる

産業別・労働分配率（%）

（経済産業省「平成30年企業活動基本調査速報」より改変）

業種	28年度	29年度
製造業	47.8	46.1
情報通信業	56.6	55.4
卸売業	51.0	48.4
小売業	49.7	49.5
学術研究、専門・技術サービス業	60.5	60.2
飲食サービス業	61.9	64.0
生活関連サービス業、娯楽業	46.2	45.2
サービス業	70.4	71.4

②分母の付加価値を上げつつ人件費も上げる

ということが考えられます。

現実的には、①の分子の人件費を上げたとしてもすぐに天井に届いてしまうので、まずは分母の付加価値を上げていくことが重要です。

では、この付加価値の平均はいくらなのでしょうか。

中小企業の1人当たり平均付加価値額は、約1000万円とされています。ほかの業種では、次のようになっています。

日本人の平均年収（正規・非正規）は、約500万円（男女別に見ると、男性が、約520万円、女性が約280万円）となっています。

先ほどの労働分配率平均が50％、1人当たり付加価値額が約1000万円なので、〈1人当たり人件費（約500万円）÷1人当たり付加価値（約1000万円）＝50％〉となります。

当たり前と言えば当たり前ですが、筋は通っているでしょう。

産業別一企業当たり付加価値額（百万円）

（経済産業省「平成30年企業活動基本調査速報」より改変）

業種	28年度	29年度
製造業	4,661.0	4,971.1
情報通信業	4,011.4	4,313.8
卸売業	2,706.1	2,927.8
小売業	4,642.8	4,812.6
学術研究、専門・技術サービス業	4,230.8	4,340.8
飲食サービス業	4,076.3	4,274.3
生活関連サービス業、娯楽業	2,194.1	2,392.6
サービス業	3,834.9	4,047.3

☑ ③平均昇給率

次に気になるのが、毎年の給与の上がり具合です。経験則になりますが、**平均昇給率は、月給に対して1・8〜2・2%**であればよいと判断できます。

月20万円の方の昇給が2%であれば、4000円、月30万円の方の昇給が2%であれば、6000円となります。

現在では、社会保険料の増額などがあり、「昇給しても、あまり意味がない」とか、「5000円上がったところで生活に何も影響はない」などの声を社員の方からよく聞きます。

しかし、企業側からすると、2%は決して小さい数字ではありません。

たとえば、社員300人の企業の1人当たりの人件費が500万円だとすると、300人×500万円＝15億円が人件費になります。

これが2%上昇するとなると、3000万円の上昇です。

理屈上は、2%上がったのであれば、その分粗利益を稼がないといけないので、社員1人当たり、毎年プラス10万円（3000万円÷300）を稼がないと、会社が成り立たなくなります。

④平均賞与額

毎年7月、12月頃になると大企業の平均賞与が発表されます。中小企業の経営者には「ああいうのを出されると社員が誤解する」と困惑する方も多くいます。

平均賞与額は調査機関や支給時期によってさまざまですが、**上場企業の平均は80〜100万円**の間だといわれています。

ただし、この数字もすべての会社が回答しているわけではありません。回答するのは、ある程度自信があるということなので、この数字を鵜呑みにしないのが賢明です。これも数字を見る時の基本であり、大事なポイントです。

では、中小企業の平均賞与支給額はどのくらいなのでしょうか。

中小企業だけのデータはなかなかありませんが、大阪シティ信用金庫が毎年出しているデータによると（１３０１社）、２０１９年夏は、**約29万円**でした。大企業と比べると約３倍の差があります。加えて賞与を支給すると答えた企業は約60％でした（ただし、大阪シティ信用金庫の取引先への調査であり、社員20人未満の企業が８割を占めます）。

賞与に関しては、多くの社員が、「２カ月分はほしい」と思っているケースが多いのですが、そもそも賞与が支給されているだけでもありがたいと思わなければならないのかもしれません。

よくある誤解として、賞与がないのは会社が人件費を絞りたいからだ、などの考えを持つ方がいます。しかし、社員に賞与を支払いたくないと考えている社長は、私のお付き合いの中ではほとんどおられません。

どの方も賞与を払いたいと思っていても、経営上〝出せない〟から出さないのです。〝出したくない〟から出さないという企業は、本当に少ないように感じます。

なお、賞与に関しては、法律で義務づけられているわけではありません。

第2章

できる人は「3」という数字をキーにしている

人はなぜ3という数字が好きなのか

不思議な魔力がある「3」の数字

「松竹梅」「一富士・二鷹・三茄子」「三種の神器」などに代表されるように、古くから日本人は3という数字をよく使います。3点倒立、三位一体、三すくみ、ジャンケンもグー・チョキ・パーの3つです。

漢数字も、1～3までは、「一」「二」「三」と横棒が増えていくのに、4になると急に規則性がなくなり「四」となります。

これは日本だけのことではありません。ローマ数字でもⅠ、Ⅱ、Ⅲまでは、縦線のみで構成されているにもかかわらず、4という数字になると急に「Ⅳ」と表記され、Vという文字が入ります。

人はなぜ「3」という数字でまとめるのが好きなのでしょうか。

それは、「3」が、三角形の形状が象徴するように、安定感がある数字だからです。「2」でも「4」でもなく、3点の均衡がとれた「3」という数字に、私たちは心のどこかで無意識に安心感を覚え、使いたくなるのでしょう。

ビジネスの場面でも、この「3」が多く登場します。できる人は、3という数字をキーナンバーに仕事することが多いのです。

話のポイントは3つに絞る

「話のポイントがうまくまとめられない」という相談を、若手社員の方からよく受けます。

そんな人は、**伝えたい内容をまず3つに絞ること**から始めましょう。それだけで、不思議とうまく話せるようになるものです。

3つに絞ると、ヌケ・モレがないように感じさせることができますし、聞き手も負担なく覚えることができます。

私の場合は「理由としては3つあって……」と言うのが口癖です。まず、3つの理由があることを伝え、その後で1つひとつ説明していくことで、論理的なイメージを高めるとともに、聞く側の理解を深めることができるからです。

もっとも、2つしか理由が思いついていないこともありますが、そんな時は「3つ目は、いま申し上げた2つ以外のやり方です」と逃げ口上を言うこともあります。それでも、ポイントを絞ることで相手は話の内容を飲み込みやすくなるものです。「話の内容がわかりにくい」と言われがちな人は、ぜひ3つにまとめることを心がけてみてください。

ちなみに、2001年に、ミズーリ大学のネルソン・コーワンが、「マジカルナンバー4±1」という考え方を提唱し、瞬間的に記憶できるのは3~5個の情報であるとしています。つまり、こちらの意見を相手にしっかりと理解させたい時は、3つ（もしくは5つまで）に絞らなければならないのです。

たとえば、この本を読むメリットを、

①数字を使って話せると、ビジネスパーソンとして一目置かれます！
②基本的なビジネス法則を身につけることで判断が早くなります！
③ロジカルに考えることができ、相手を納得させることができます！

と3つにまとめれば、読んでもらいやすくなります。

反対に、ポイントを数多く述べすぎると、内容は相手の記憶に残りにくくなります。

かつて契約の約款の裏面に、細かい文字で数多くの事項が記載され、重要な免責事項が隠れていることもありました。いまは法律によって、約款について契約者が理解するまできちんと説明することが義務づけられていますが、商品紹介などでたくさんのメリットをうたう商品は、疑ったほうがいいかもしれません。

プレゼン、企画書づくりも「3ステップ」で

3つの構成でストーリーを組もう

プレゼンでこちらの思いを伝えたり、企画提案をしたりする場合は、**ストーリー形式**で伝えるとうまくいきます。中だるみを防ぎ、相手の興味を引くことで説得力も増すからです。

ストーリーをつくる場合は、どういった順序で説明し、どこに山場を持ってきて、最終的にどこに落とし込みたいのかを考えなければなりません。

ストーリーも3つの構成でつくるのがポイントです。

能の世界では、三段構成を指す概念として**「序破急」**という考え方があります。「序

破急」はストーリー構成を考える時によく使われるフレームワークです。

まとまった文章の構成としては「起承転結」の考え方が一般的ですが、「序破急」を「起承転結」に当てはめれば次のようになります。

●序……起承転結の「起」に当たり、登場人物やストーリーの設定などを行い、観客を引き込む役割を担う部分です。
●破……起承転結の「承」と「転」に当たり、物語の急展開を生み、聞き手（読み手）に、これからどうなるのだろうか？　という期待感をもたせる部分です。
●急……起承転結の「結」に当たり、ストーリーを終了させ、観客の満足する終わり方に導く部分です。

☑ プレゼンの3ステップ

この「序破急」の概念は、プレゼンのシーンでも用いられます。プレゼンにおける序破急は次の通りです。

プレゼンにおける序破急

序：プレゼンの目的や導入部分。聞き手が聞きたいであろう内容を伝えることが目的です。

破：プレゼンの山場。伝えたいことを盛り込みながら、聞き手に「なるほど」と思わせることが狙いです。

急：プレゼンの終盤。プレゼンの目的を達成するために、行動を促すようなクロージングを行います。

☑ 企画書の3ステップ

企画書も「序破急」の3つのステップを踏んだストーリーをつくることで、相手の関心を引き、興味深く読んでもらうことができます。

企画書における序破急は次の通りです。

企画書作成における序破急

序：読み手の期待値が高まるような企画名、実現したいことを記載します。
破：企画実現に向けた具体策、または考えられる障害を記載します。
急：企画書の内容が実現された状態を具体的に記載します。

☑ 企画書づくりに役立つ「TAPS」

ちなみに、企画書をつくる場合は**「TAPS」**というフレームワークも役に立ちます。フレームが4つになりますが、大変便利なので紹介します。

TAPSとは、「To be」「As is」「Problem」「Solution」の4つの頭文字で、理想の姿と現状のギャップをもとに構成を考えるフレームワークです。TAPSは〈①目標の設定→②現状の分析→③問題の発見→④問題の解決〉の順番でプランをつくります。

①「To be」（あるべき姿・目標）
企画する対象のあるべき姿、つまり目指したい姿やこうあるべきという目標をはじめに提示します。

②「As is」（現状）
あるべき姿や目標に対して、現在はどういった状況なのかを伝えます。

③「Problem」（問題）
問題とは、目標と現状の「差」だといわれます。「あるべき姿」と「現状」の差は何か、その差によって、どのような問題が起こっているのかを指摘し

ます。

④「Solution」（解決策）

問題に対する解決策を記載し、企画内容の妥当性を示します。

ちなみに、コピーライティングの世界に、〝Not read Not believe Not act〟という有名な言葉があります。広告を見たとしても人は「読まない、信じない、行動しない」という意味に解釈されています。「この3つの壁を乗り越えることができなければ、セールスレターやメルマガを見ても、人は商品を買わない」という意味の、消費者の心理的な壁を表す言葉です。

この考え方は、プレゼンテーションや、企画書作成の場合も当てはまります。読み手は、聞きたくないし、読みたくないし、理解したくないスタンスでいます。だから、「序破急」の流れのあるプレゼンや企画書が必要なのです。

話は「30秒」にまとめよう

☑ 簡潔でなければ相手に伝わらない

誰かに何かを伝える場合は、話し手側からするとあれもこれも伝えたい。これを伝えないと心配だと思い、ついつい話が長くなってしまいます。

しかし、聞き手からすると、余計な情報は不要で、むしろ長すぎる話は何も話していないと同じくらい無意味なものです。

ビジネス上の会話では、1つの話すターンは30秒にまとめることを心がけましょう。なぜなら、**自分の話の内容は7%しか相手に伝わっていないからです。**

「メラビアンの法則」というコミュニケーションの法則があります。これは、聞き手は話し手の何から情報を受け取るのかを表したものです（ちなみに、この法則は矛盾する情報を伝えた場合に、相手がどう受け取るのか調べた実験に基づいています）。

話し手が聞き手に与える情報として、①言語情報（Verbal）、②聴覚情報（Vocal）、③視覚情報（Visual）の3つの情報があるといわれています。これらの情報はすべて頭文字がVから始まるため、「3Vの法則」とも呼ばれます。

①言語情報（Verbal）……話し手が話す言葉の意味、言葉の構成などです。
②聴覚情報（Vocal）……話し手の声の大きさやスピード、トーンなどです。
③視覚情報（Visual）……話し手の見た目、仕草などです。

メラビアンの法則では、これらの3つの情報のうち、人に影響を与える割合が①言語情報7％、②聴覚情報38％、③視覚情報55％であるとしています。

たとえば「悲しい情報」（言語情報）を明るく高い声のトーン（聴覚情報）で、かつ笑顔（視覚情報）で伝えた場合、「笑顔」と「明るく高い声のトーン」の情報が優先されるという意味です。つまり、話した内容は7％しか相手に伝わらず、見た目や声がもっとも影響を与えるのです。

メラビアンの法則からは、対面で人に物事を伝える時には、表情や服装などの見た目や声の調子などにとにかく注意し、話そのものは短く簡潔に伝えることが大事だということが学べます。

30秒で相手の気持ちをつかむ「エレベータートーク」

では、どのように話を簡潔にまとめて、相手に伝えればいいのでしょうか。

話を短くまとめて相手に伝える方法には「エレベータートーク」と「ホールパート法」という2つの方法があります。

「エレベータートーク」は、同じエレベーターに乗り合わせた30秒程度の短い時間の中で、自分の思いやアイデアを相手にわかりやすく簡潔に伝える技術です。

30秒で自分の考えを伝えるには、**結論から話し始めるのがポイント**です。

提案するアイデアを実現すればどうなるのか？　という結論から伝えるほうが、聞き手のストレスは少なくなります。

映画や小説は結論までのプロセスを楽しむものですが、ビジネスで求められるのは判断です。判断をするために結論から話すのは当然でしょう。

コミュニケーションの世界では、「聞き手に伝わったことが100％」という格言があるように、常に聞き手が主役です。何を言おうと、自分がどう思おうが、相手に受け取られたことがすべてなのです。

コミュニケーションの目的はさまざまですが、私は「自分の思いを理解してもらったうえで、相手に行動をしてもらうこと」だと考えています。

とすれば、自分のことは脇に置いておいて、相手目線で伝えること、そしてそれを簡潔に行うことが重要です。

☑ 相手の理解度を高める「ホールパート法」

自分の考えを相手に的確に伝えるには、伝えようとしている話の全体像を相手と共有することが重要です。

その場合は、**「ホールパート法」**というテクニックを使いましょう。

これは「Whole-part」という表記の通り、全体から部分という意味です。つまり、ホールパート法とは、まず全体像を話し、そのあとに部分を話すということです。はじめに全体像を示されることで、聞き手は話の終わりが見え安心します。

たとえば、次のような形です。

①全体像：「話したいことは全部で3つあります」
②結論　：「結論から申し上げますと、御社の売上10%向上が見込めるということです」
③部分　：「1つ目の方法は～、2つ目の方法は～、3つ目の方法は～」

このように話せば、相手も話の内容を頭の中で整理しながら聞けるので、伝わりやすくなるのです。

商談は「3回」会ってから!

商談は粘り強さが成功のカギ

商談の成功は確率論だといわれますが、中には確率変動したような凄腕のセールスパーソンがいます。

私がこれまでお会いしたすごいセールスパーソンに共通しているのは、とにかく粘り強いことです。

「ザイアンスの法則」という法則があります。

これは、別名「単純接触効果」と呼ばれ、人は何度も相手と顔を合わせているうちに、徐々に相手に対して好感を持つようになる効果です。

商談において、売れない営業パーソンは、3回会う前に諦めてしまいますが、売れる営業パーソンは「3回目から！」というスタンスで商談に臨んでいます。1人のお客様と最低3回は会い、会うための提案をし続けているのです。

では、3回目以降は、どれくらい会えばよいのでしょうか。

「セブンヒッツ理論」という理論があります。

これは、広告業界における法則で、「人は情報に3回接することによりその商品を認知し、7回接することによりその商品を手に取るという法則」です。

この法則に基づくと、顧客に商品の話を聞いてもよい、商品について考えてもよいと思ってもらえるまでに、3回の商談が必要となり、さらに商品の購入を考えるまでには、7回程度の商談が必要になるということです。

「コンサルティング営業」と呼ばれる営業では、

1回目：顧客の課題やニーズをヒアリングする
2回目：課題やニーズの解決策を提案する

という2段階の営業手法をとります。

この場合は、あらかじめ顧客の課題やニーズが見えているから商談ができるのであって、何もない状態から顧客と信頼関係を築き、心を開いてくれるまでには、やはり7回程度かかると考えたほうがいいでしょう。

子どもは1日に大人の「30倍」笑う

人付き合いは笑顔から始まる

「なかなか部下が話しかけてくれない」「上司から距離を置かれている気がする」といった悩みを抱えている人は、みな共通して表情が硬いようです。

ムスッとしている人には、誰しも話しかけづらいものです。

多くの人はムスッとした人よりも、ニコニコと笑っている人に魅力を感じます。

化粧品会社のアテニアが行った2015年の調査によると、成人女性の笑顔の回数は1日平均約13・3回、時間に換算すると推計1日当たり30秒未満となりました。

各年代別に比較すると、20～30代が約15回・30秒であるのに対して、40代では12・8回・26秒、50代では10・6回・20秒と、20代をピークに、年齢が上がるにしたがって回数・時間ともに減少します。成人女性で1日平均約13・3回なのですから、男性であればさらに少ない結果になるかもしれません。

一方で、**就学前の子どもは1日に平均400回笑う**といわれています。実に30倍の差があります。

私にはいま2歳6カ月の「イヤイヤ期」真っ盛りの息子がいますが、駄々をこねて泣き叫ぶ時以外はいつも笑っています。

家族でショッピングセンターに行くと、誰彼構わず笑顔で大人に話しかけます。すると気難しい顔をしていた大人も、少し驚きながら、笑顔で挨拶を返してくれます。笑顔の持つ威力は凄まじいものだと感じます。

感じがいい人、周りに人が集まる人になるためには、いつもより3回でも5回でもいいので1日の笑顔を増やすことが近道かもしれません。

「30分」かけて結論を出しても、結果は5秒で出した時と同じ

時間をかければよい結論が出るわけではない

考えに考えを重ねて選択したものと直感で選択したものの成功確率は、どれくらい違うのでしょうか。

驚くかもしれませんが、実はほとんど同じなのです。

「ファーストチェスの法則」というものがあります。

これは、人が30分考え抜いた挙句に出した結論でも、5秒で決めた結論でも、実行結果はほとんど変わらないという法則です。

「下手の考え休むに似たり」ということわざがあるように、時間をかけて考え、迷

い続けるのは休んでいるのと同じ。すばやく選択したほうが時間の節約につながり、メリットが多いのです。

突然ですが「経営者の仕事は何だと思いますか？」という質問に、あなたはどう答えますか？

売上を確保することや社員を雇用することなど、人それぞれ定義はありますし、会社の置かれている状況によっても答えは違うかもしれません。

実は、経営者のみに与えられている仕事があります。「ハイクオリティの意思決定」と「社員全員の動機づけ」です。

経営者にしかできない意思決定はたくさんあります。というより、経営者の仕事のほとんどは意思決定すること、そしてこの場合も、「ファーストチェスの法則」が当てはまります。

会社の行く末を左右する戦略や重大な意思決定には、十分な時間をかける必要があるかもしれません。しかし、通常の業務であれば、5秒以内に意思決定を下したいところです。

結果はそう大きくは変わりません。第一、すばやく判断しなければ業務が滞りがちになってしまいます。

会議はファーストチェスの法則で

私は会議運営の支援も数多く行っていますが、何も決まらない会議、何も進まない会議をよく見かけます。会して議さず、議して決せず、決して行わず、行って責取らず。

そんな会議がたくさんあります。

その原因の1つが、意思決定が明確でない、または行われないことです。意思決定権者自身も悩み、どうしてよいかわからない。けれども立場上、何かしら前に進めないといけない。

そこで、案件に関する意思決定はせずに、「もう少し、リサーチしようか」と言って決定するのを先送りすることがあります（これも1つの意思決定ですが）。ダメな会議の典型です。

そんな会議をなくすためには、会議の現場でも、ファーストチェスの法則に従えばいいのです。

会議の参加者が、それぞれ5秒で自分なりの結論を出す。それぞれの結論を比較吟味し、どの結論が妥当か、5秒で判断する。その判断がまちまちであれば、どの判断を選択するか、意思決定者が5秒で決断する。

こういう会議にすれば、スピーディーな意思決定ができるはずです。

市場の「3割」を取れば1人勝ち

シェア「3割」が1つの分岐点

自分の携わる業界にライバルがいなければ、どれだけうれしいことでしょうか。戦わずして勝つことができるはずがないと思うかもしれません。

ところが、**「ランチェスター戦略」**という考えによると、ライバルに勝ち、市場を独占しすぎるとかえって弊害も生まれるといいます。

イギリスのランチェスターが編み出した「ランチェスターの法則」は、2つの軍隊の戦闘力を数式に表したものでした。「ランチェスター戦略」は、この法則をビジネスにおける企業同士の戦い方へ応用したものです。

「ランチェスター戦略」では、市場シェアの下限目標として、26・1％という数字を掲げています。この約3割を超えれば、市場の競争相手の中から一歩抜け出し、頭一つ抜けた強者、いわゆる寡占状態と認知されます。

ただし、それ以上のシェアを求め始めてしまうと、社内に油断や驕《おご》りが生まれ、いずれ逆転されてしまうリスクが生じます。

たとえば、1976年にキリンビールは63・8％という驚異的な市場シェアを握っていました。

ところが「キリンラガー」の独壇場だったにもかかわらず、シェアは、「アサヒスーパードライ」にどんどん奪われていきます。

キリンビールでは、シェアが60％を超える頃から、ダントツの首位であることから驕りが生まれ、経営トップ以下、組織全体の危機感がなくなってしまったのです。新商品開発は後手に回り、営業力も乏しい状態となってしまいました。

同じような状態はどの企業にも当てはまるでしょう。

携帯電話会社もこれまで、「NTTドコモ」「KDDI」「ソフトバンク」の3社による寡占市場でしたが、近年では格安携帯会社の台頭や楽天の携帯事業の参入などにより、転換期を迎えています。

大事なのは、こうした競合や競争をマイナスと捉えず、プラスに考えることです。ビジネスにおいても、同業他社があるから自社も成長でき、製品やサービスを洗練させることができると捉えれば、手強い同業他社の存在もありがたくなります。

他社を蹴落とすのではなく、他社と競い合い、一緒に成長しながら、顧客に対していい製品・サービスが提供できればよりよい環境になっていくでしょう。

企業の寿命は30年？

30年以上前に「企業の寿命30年説」が話題になりました。これは「日経ビジネス」が1983年に発表してから、ビジネスでは1つの定説になっています。30というまとまりのよい数字もあってか、一気に世間に広まりました。これが23年説や47年説だと、あっという間に記憶から薄れていったことでしょう。

では、実際のところ、この説は本当に正しいのでしょうか。

東京商工リサーチの調査によると、2018年に倒産した企業の平均寿命は23・9年、帝国データバンクの調査では、37・16年となっており、だいたい合っているようです。

しかし、現在存続している会社の寿命が「だいたい30年」かといえば、それはやや疑問です。

当社では、企業は、「環境適応業」である、と定義しています。進化論で有名なダーウィンは、「生物は強いものが生き残るのではない、環境に対応できるものだけが生き残る」と述べていますが、そのまま企業にも当てはめることのできる言葉です。

2020年の30年前は1990年です。当時と比べると、技術も環境変化のスピードも、社員の価値観もまったく異なります。

このことから考えれば「企業の寿命30年説」は、あくまで昭和の企業を対象にした企業調査であるという「ただし書き」のついた説であると見ておいたほうがいいでしょう。

いまでは、企業の寿命は30年という悠長なことは言っていられません。刻一刻と変わるビジネス環境において、常に対応できる会社でありたいものです。

ちなみに、創業１００年を超える会社は、日本全国の企業のたった２％しかないといわれています。

他社より目立つには「3割」の差をつくろう

お客様に伝わりやすい差別化のコツ

商品やサービスを他社と差別化することは、ビジネスでは必須です。小売店であれば、ほかの店とは違う品ぞろえにしなければ、お客様が自分の店に来店する理由がありません。

では、どの程度まで品ぞろえで差別化すればよいのでしょうか。

2倍にすれば確実に差別化できるでしょうが、そこまで在庫を抱えるのはリスクがあります。しかし、2つや3つ品ぞろえを増やしても、他店との違いはさっぱりわかりません。

そんな場合に役立つのが、**「1・3倍の法則」**です。

これは、人は「1・3倍の差」がないとその差を認識できないという法則です。

顧客は他店と比べて1・3倍の量の品ぞろえがあると、この店舗は「品ぞろえがよい」と認識してくれます。差別化する際には、3割の差をつけることを目安にしましょう。

価格差も「3割」の差で実感できる

この法則は、価格設定でも有効です。

競合商品よりも安くしたい時には、その価格を3割下げれば、顧客が明らかに「安い」と思える価格になります。競合相手が1000円なら、666円で売るのです。

反対に、高級なブランドイメージを持たせたければ、3割上げれば「高い」と思ってもらえるようになります。競合相手が1000円なら、1333円以上で売るのです。

これはブランディングでも同じで、他店よりもこだわっているポイントがあるなら、そのこだわりが他店の1・3倍以上ないとお客様には伝わりません。

他店と同じ程度のこだわり方では、お客様はそれを「こだわり」とは認めてくれないのです。たとえば、野菜でいえば「国産」は当たり前、「地域」にこだわるのも平凡、「生産者」にまでこだわって、やっと差別化が明確になり、お客様に伝わるということです。

ただし、これらはあくまで価格や品ぞろえなどの話で、飲食店のメニュー、POPの場合は、やや異なります。

メニュー、POPに記載される定番メニュー（たとえば、ファストフード店のフライドポテトなど）の写真は約1・7倍〈1・3×1・3＝1・69倍〉の量で見せることで、他店よりもボリュームがあると感じさせることができるといわれています。

3割の差というのは立場によって異なります。試験点数でいえば、50点の人にとって3割高い得点は65点で、15点の差です。一方、70点の人にとって3割高い得点は

91点で21点の差です。

どの立場でも、3割の差を縮めるのは、現実には簡単ではないかもしれません。

しかし頑張れば、何とか追いつけそうな数字だともいえるでしょう。

「1・3倍の法則」を頭に入れて、効果的に差別化を行いましょう。

1つの大事故の前には「300件」の小さな事故が起きている

ビジネスで大失敗しないために

ミスやトラブルにも、「3」という数字に絡んだ法則があります。

1件のミスや事故に対して、「その程度のミス、事故はよくあることだから」「そういうトラブルはレアケースだよ。気にしなくてもいいのでは」と軽く無視してしまうことがあります。

ところが、そのミスやトラブルが、いずれ起こる大事故の前兆だとしたらどうでしょうか。

「ハインリッヒの法則」という労働災害に関する有名な法則があります。

これは、1つの重大事故の背後には29の軽微な事故があり、その背景には300件の異常が存在するという、ハーバート・ウィリアム・ハインリッヒが労働災害を調べた結果、導き出した法則です。

この300の異常は、ヒヤッとする出来事であることから、通称〝ヒヤリ・ハット〟と呼ばれています。

この法則からは、1件のミスやトラブルは、329件のミスやトラブルを解決するヒントと捉えることができます。

たとえば、2019年12月1日から、「ながら運転」の罰則点数が1点から3点に、反則金も6000円から1万8000円（普通車）になりました。「ながら運転」による事故は、2013年は2038件だったのが、2018年には2790件と約1・4倍に増えています。

国が罰則を強化したのは、交通事故につながる〝ヒヤリ・ハット〟を事前に防ごうという意図を感じます。

また、ハインリッヒの法則を応用することで、自分自身の仕事のミスも減らすことができます。

たとえば、メールでの送信先の間違い、伝票のケタ数の記入間違いなどのミスが多い人であれば、送信する前に必ず送信先をチェックする、伝票を提出する前に一度は見直す、という対策をとることが必要でしょう。

さらに、自分のパソコンの周りが散らかっているなど、集中できない環境で仕事をしていないか、伝票の記入欄が狭く、数字が見づらいフォーマットになっていないかなど、ミスが起きる周辺環境に目を向けることで、大きなミスを防ぐヒントにつなげることもできます。

ハインリッヒの法則からは、大きな事故を未然に防ぐためには、日頃からさまざまな対策を講じておくことが極めて重要であるといえるでしょう。

月収の「3%」を自己投資に回すことが給与アップの近道

自己投資が成功への近道

投資にはいろいろあります。株式や投資信託に投資をしている人もいるでしょうし、金やプラチナ、仮想通貨に投資している人もいるでしょう。

しかしその中で、**一番確実な投資は自己投資**です。

なぜなら、投資対象が自分であり、自己を磨けば磨くほど会社での待遇や地位が上がっていくからです。

多くの企業で働き方改革が推し進められ、残業時間を減らす取り組みを行う会社が増えています。それもそのはずで、2019年からスタートした働き方改革関連法案で、36協定を締結した場合は「通常時の残業」は月45時間、年360時間までと残業時間に規制がかけられました。

ニュースを見ていると、「残業代がなくなったのでローンの支払いが厳しい」といった声や、「家に帰っても居場所がない」という理由で、仕事が終わっても直接家に帰らず、公園で時間をつぶしたり、ゲームセンターやカフェで1人の時間を過ごしたりする〝フラリーマン〟も生まれているようです。

しかし、働き方改革の本来の目的は、働きやすさの追求や、企業の生産性向上もさることながら、余暇時間で自己研鑽や自己投資を行うことも含まれていると私は思います。

どれくらい自己投資するべきか

では、自己投資はどの程度行えばよいのでしょうか。

投資すればするほどリターンがあるという考え方もありますが、ムリをしても長続きはしません。目安としては、**月収の3%**とするのが妥当なところでしょう。

では、そうした自己投資を行う結果、どれくらいのリターンが見込めるのでしょうか。

経験則になりますが、将来もらいたい月収の3%を自己投資に回し、それを3年間続けることができれば、その月収に近づく兆しが見えてきます。

たとえば、将来50万円の月収をもらいたければ、現在の給与の金額にかかわらず、1万5000円の自己投資を行うということです。

逆に考えると、自己投資額を1万円とすれば、将来の手取り額は、約33万円です。自己投資額を5万円とすれば、手取り額は約165万円となります。

手取り額が20万円の人であれば3%は6000円です。書籍であれば4冊程度購入することができ、1週間に1冊読むことができる計算となります。

これを1年間続ければ、4冊×12カ月で48冊となり、それなりの量になります。

手取り額が30万円の人であれば3%は9000円となり、書籍であれば約6冊。

5000円程度のセミナーであれば、2回ほど参加できます。

ちなみに、2009年の日経新聞の調査によると、年収800万円以上の人は、月額書籍購入費平均が2910円。それに対して、年収400〜800万円の人は2557円、400万円未満の人は1914円となっています。


教育者として有名な森信三先生は、著書『修身教授録』(致知出版社)で「読書が、われわれの人生に対する意義は、一口で言ったら結局、『心の食物』という言葉がもっともよく当たると思うのです」という言葉を残しています。

そうです、読書は食物なのです。

私は子どもの頃から本が好きでしたが、友人たちに「そんなに本を読んで、内容を覚えているの?」と言われたこともあります。読んだ本の細かなところまで覚えているわけではないので、「もっと1冊をじっくり読んだほうがよいのかな」などと、悩んだこともあります。

しかし、読書を心の食事と考えれば、日常的に本を読む習慣をつけることこそ、大事なのです。

どんなにたくさん食べたとしても、体が吸収するのは必要なぶんだけです。

1冊の本の中で、3行でも自分の知らない内容があればよいと考えたほうがいいでしょう。

本を読み続けるその過程で、自分の人生を変えてくれるような最高の1冊とめぐり合うかもしれません。

読書がもっともよい自己投資と捉えるかは人それぞれですが、少なくとも身銭を切って獲得した新しい知識は、必ず将来の役に立つはずです。

65歳以上人口が「3割」を超える2024年が日本の崖っぷち

超高齢社会で活躍するために

日本は久しく少子高齢社会といわれています。

人間は嫌なものから目を背けがちなので、「まだ大丈夫だろう」と思っている人が少なくないかもしれませんが、そうも言っていられない未来がもう、すぐそこまで来ています。

2017年にベストセラーとなった『未来の年表』（講談社）では、2024年には3人に1人が65歳以上になるという超高齢者大国日本の問題が描かれています。

これは、3という数字が深刻な意味で使われる例です。

２０２４年までには、企業の定年が70歳程度になっている前提ですが、社員30人の会社であれば10人が65歳以上、１００人の会社なら30人が65歳以上となります。65歳以上であっても元気に働ける人はたくさんいますが、それでも多くの人は、働き盛りの年代と比べるとパフォーマンスは下がります。

悪しき循環を食い止めるために

この時、会社の費用面でどういう状況が発生するかを考えてみましょう。

日本企業の多くは、年功序列で給料が上がっていく仕組みです。

60歳時点で年収８００万円の社員がいる場合、定年になると退職金は発生するものの、翌年以降は８００万円の支出（人件費）が削減できます。しかし、定年延長となるとそうはいきません。

定年を延長すれば、本来削減できていた支出が削減できないことになります。

いくら人件費がかかるといっても、仕事内容を変えずに、年齢だけで給料をカットするというわけにはいきません。仮に定年が70歳まで延びるとなると、800万円×10年＝8000万円が必要になります。

企業としては、総額の人件費が変えられないとなると、若手、中堅層の昇給金額の引き下げなどの対応をとることになります。

しかし、昨今では、新卒を年収1000万円で採用する企業も注目されてきており、若手層の給与を引き下げることは、モチベーションの低下や離職を招きかねません。

となると、総額人件費が変えられない→若手・中堅層の給与を引き下げ（または昇給金額の抑制）→若手・中堅層の離職→会社には高齢者のみが在籍→パフォーマンスの低下からこれまで受注していた仕事や案件を回せなくなる→顧客満足度の低下による顧客離れ……などのマイナススパイラルの流れが想定されます。

いまは大学卒業後、1つの企業で40年間勤め上げることが讃えられる時代ではないので、これからは何歳であっても常に新しい業務、業界に飛び込むことのできるマインドと、仕事以外の場でも常に自己研鑽をすることが求められる時代となるはずです。

会社は年功序列で給料を上げる方針ではなく、社員のモチベーションを維持するため、どのように給与を支払うべきなのかを常に検討しながら、試行錯誤する姿勢が求められるでしょう。

第3章

会社の数字は「5」のつながりで覚えよう

チーム編成は「5人」が生産的

しっかり機能するチームをつくるには

アマゾンの創業者であるジェフ・ベゾス氏は、理想のチームの規模は、「2枚のピザを分け合って食べるのにちょうどいい人数」という「2枚のピザ理論」を提唱しています。

Lサイズのピザは、12ピース程度に切られています。私のように1人でピザを1枚食べてしまうような大食漢は別として、1人当たり4ピース程度食べると考えると、24ピース（ピザ2枚）÷4ピース＝6人程度が適正値になるのでしょう。

人事制度を改定するタイミングで、組織の体制を変えようとする企業が多いのですが、そこでよく「1人の管理職に、何人部下を持たせせるべきか」が話題になります。

経営学用語の1つに**「スパン・オブ・コントロール」**というものがあります。

これは、「1人の上司が直接管理できる人数は5〜7人」という考えです。

部下の担う業務、業態によっても変わりますが、基本的には5〜7人程度が理想です。なぜなら、いまでは部下1人ひとりの業務内容も複雑になってきているからです。7人の部下に対して時間をかけてマネジメントを行うのは、現実的に厳しいと感じます。

マネジメント体制をしっかりと構築している大企業であれば、管理職はマネジメントに専念できるのかもしれませんが、中小企業ではプレイングマネジャーがほとんどであり、1営業日を部下の面談に費やすには大きな労力がかかります。

ですから、1人の管理職にあてる部下の人数は、多くても5人前後までが適切と考えておいたほうがよいでしょう。

多様な時代にこそ必要な正確性

これは人事評価を行う場合も同じです。

7人の部下をそれぞれきちんと評価するには、相当な労力とコストがかかることになり、結果的に根拠のない曖昧《あいまい》な評価になることがあります。

人事評価の原則は、「評価事実に基づいて評価を行うこと」です。

たとえば、「挨拶」の評価項目では、「きちんと挨拶していた」という事実に基づいて評価を行わなければなりません。決して「彼は毎日大きな声で挨拶をしているような気がする」という印象で評価してはならないのです。

評価項目がより高度になると「評価事実」を集めることは簡単ではありません。きめの細かいマネジメントを行うために、2週間に1度、7人の部下と30分の面談を行うとすれば、それだけで3・5時間がかかります。1カ月にすると約7時間、1営業日を面談に費やす計算になります。

評価する人数が増えれば増えるほど、時間がかかるので、プレイングマネジャーにはより難しくなってしまいます。

余談になりますが、日本で一番古い神社といわれる神社の1つに、熊本県の上益《かみまし》城《き》郡の「幣立神宮《へいたてじんぐう》」があります。

ここには「五色神面」という面が社宝として奉納されています。五色は赤・白・黄・黒・青の5つの色を指し、赤人がユダヤ人やネイティブアメリカ等の人々、白人がアングロサクソン、ゲルマン等の欧米の人々、黄人が日本や中国などのアジアモンゴロイド系の人々、黒人がインド、アフリカ、パプアニューギニア等の南方の人々、青人がロシアやスラブなどの北方の人々を総称しているといわれます。

人は多様であり、多様な人がそれぞれ個性を発揮してこそ、チームに活力が生まれます。幣立神宮の「神面」が「五色」であることも、何かの関わりを感じます。

1人の顧客を怒らせると「250人」の敵をつくる

クレーム対応を甘く見てはいけない

企業において、クレーム対応はもっとも神経を使う業務の1つです。

最近では、ボイスレコーダーなどを忍ばせて録音し、それをネットにアップする人もいます。クレーム対応を誤るとSNSによって多くの人に拡散されてしまう時代なので、慎重にならざるを得ません。

では、クレーム対応を誤ると、どのくらいの人に影響があるのでしょうか。

人付き合いの法則で、**「ジラートの法則」**というものがあります。これは、「人は平均して250人（5×50）の人間とつながりがある」という法則です。

クレーム対応では、1人を不快にさせると、250人を敵に回すかもしれないのです。

お付き合いしている不動産販売会社の社長は「六次の隔たり」の考えを念頭に置き、経営しているそうです。

「六次の隔たりとは何でしょう?」と聞くと、社長は「まったく知らないと思っている人でも、友人の友人の、そのまた友人の……と6人をたどっていけば、誰とでもつながるという考えだよ」と教えてくれました。

すべての人や物事は友人を介してつながる――こう考えると、家族や友人に紹介できないようなサービスや商品は、決して販売してはならないという結論になります。

私はアップルのカスタマーサポートに感動したことがあります。「MacBook Air」「iPad Pro」「Apple Watch」「iPhone」「AirPods」など、アップル製品をほとんど購入して利用しているほど、アップル好きです。それは、製品の使いやすさもさることながら、アップルのカスタマーサポートが大変優れていると感じているからです。

以前、利用していた「iPad Pro」が急に電源が入らなくなり、壊れてしまったことがありました。

アップルのカスタマーサポートにチャットで連絡すると、壊れたことに対するお詫び、利用できないつらさへの共感など、顧客への対応にはすばらしいものがありました。

クレームを、好感度の向上につなげた好例だといえます。

悪い話はよい話の10倍広がる

では、ジラートの法則は、よいサービスを提供した際にも当てはまる法則なのでしょうか。

残念ながらそうではありません。

サービスや商品に満足した人は3人にその話を広め、不満に感じた人は33人にその話を広めるといわれ、**「3対33の法則」**と呼ばれています。

人はよい噂よりも悪い噂のほうを、10倍多く話してしまうのです。

お付き合いしている会社に、アパレルのECサイト（ネット販売）を運営している会社があります。

この会社はネットのショッピングモール「ZOZOTOWN」や「楽天市場」などでもランキング入りするくらい、取扱商品や顧客対応が優れている会社です。

ところが、手違いにより、注文された商品とはサイズや色違いの異なった商品がたまに発送されてしまうことがあります。

そんな時は、ショップページのレビューに、「最低の評価」の投稿をされることがあるそうです。

ほとんどは問題なく運営をしているにもかかわらず、その「最低の評価」によってショップレビューの平均点が下がるため、ため息をつくことも少なくないようです。

企業が提供する商品やサービスは、満足できて当たり前。しかし、不満足であれば、怒りがわきます。自ずとカスタマーは企業の１つのミスを大きく捉えるため、口コミサイトの評価も「高評価」より「低評価」のほうが増えてきます。

だから、クレームにはくれぐれも注意しなければならないのです。

新規顧客の獲得は既存顧客の「5倍」のコストがかかる

もっとも難しい新規顧客の獲得

営業に携わる人であれば「新規！　新規！　新規！」と会社から口酸っぱく言われていることでしょう。それも当然で、新規獲得活動を行わなければ、企業はいずれ先細ってしまいます。既存顧客に頼った経営では、得意先が離れた場合に取り返しがつきません。

だから、新規顧客の獲得は、どの企業でも最重要課題として挙げています。ところが、営業で一番難しいのが、この新規顧客の獲得です。

マーケティングの世界における経験則的な考え方に、**「1対5の法則」**というものがあります。

これは、新規顧客を獲得するには、既存顧客の5倍のコストがかかるという法則です。商品を買ってもらう場合に、既存顧客には10万円のコストですむ場合、新規顧客には50万円かかるということです。

新規顧客に自社商品を認知させ、買ってもらうためには、大規模な広告を売ったり、新規限定のキャンペーンを行ったり、サンプルを配布したりするなど、多くのコストがかかります。携帯電話会社の新規獲得手法がよい例でしょう。

☑顧客が商品を買うまでのプロセス

顧客の購買行動は、**「AIDMA（アイドマ）」**という流れで進むといわれています。AIDMAとは、次の①～⑤の頭文字を取ったもので、1920年代にサミュエル・ローランド・ホールが提唱した理論です。

①Attention（注意）
②Interest（関心）
③Desire（欲求）
④Memory（記憶）
⑤Action（行動）

顧客に購買を促すためには、まず商品に目を向けさせ、どんな商品なのだろうかと関心をもたせる。次に、この商品がほしい！　という欲求を刺激し、記憶に残すことで購買を促す、という流れがＡＩＤＭＡというフレームワークです。

ちなみに、いまではインターネットでモノを買うのが一般的になり、このフレームワークにも変化が見られます。

同じ5段階でも、最近ではＡＩＳＡＳ（アイサス）というフレームワークに注目が集まっているようです。また、ＡＩＳＣＥＡＳ（アイシーズまたはアイセアス）や、ＤＥＣＡＸ（デキャックス）といったフレームワークもあります。

顧客の購買行動のフレームワーク

AISAS

①Attention（注意）
②Interest（関心）
③Search（検索）
④Action（行動）
⑤Share（共有）

AISCEAS

①Attention（注意）
②Interest（関心）
③Search（検索）
④Comparison（比較）
⑤Examination（検討）
⑥Action（行動）
⑦Share（共有）

DECAX

①Discovery（発見）
②Engage（関係）
③Check（確認）
④Action（行動）
④eXperience（体験と共有）

既存顧客を大事にしよう

このように新規顧客の獲得には多くのコストも手間もかかることから、新商品販売をする時はまず、既存顧客へ販売することがビジネスのセオリーとなっています。既存顧客はすでにこちらの会社を知っているわけですから、既存顧客に新商品を売ったほうが労力は少なくてすみます。既存顧客であれば、習慣で購入することもあり、割引をする場合は割引額も少なくてすむでしょう。

「1対5の法則」は、新規顧客獲得には多くの費用がかかるという教訓ですが、反対に既存顧客とつながり続けるには、新規顧客の5分の1のコストしかかからないという見方もできます。

一度きりの顧客で終わるのではなく、リピート化の取り組みがいかに重要かということがわかるでしょう。

同じくマーケティングの経験則で、**「5対25の法則」**というものがあります。

これは、5％の顧客離れを改善すれば、25％利益がアップするというものです。既存顧客のフォローも新規顧客の獲得と同じくらい大切にしなければならないと思える法則です。

アメリカの「ハーバード・ビジネス・レビュー」誌が行った調査によると、顧客が離れていく理由は次の5つに分けられるといいます。

1位：事業者に相手にされないから（68％）
2位：商品やサービスに不満を感じて（14％）
3位：自分で価格や商品を比べて（9％）
4位：友人からの別商品のすすめ（5％）
5位：引越や死亡など（4％）

この調査によれば、事業者が顧客とコミュニケーションをとり続けるだけで、顧客離れを止めることができるのですから、たとえ用事はなくても、しばらく関わりのなかった顧客にはいますぐにでも挨拶に行くべきでしょう。

最近はあまり見ませんが、アポイントなしの訪問営業も、このデータを見ると有益といえるかもしれません。

新入社員の採用コストは1人当たり「50万円」

意外と知らない採用にかかるコスト

企業としては、定期的に若手を採用しなければ、平均年齢が上がり、組織としても老いが始まります。

ところが、近年は「新卒採用がうまくいっている」という企業にはなかなか出会いません。

日本全体として、若年層の人口が減少しているので、どこの企業も新卒採用には苦労しており、せっかく内定を出しても辞退されるという状況です。

お付き合いしている中小企業からは、「人事部のミッションとして40人の新卒採用が命じられた。でも、近頃は内定を出しても半数は断られる。それを見越して、80人に内定を出したいところだが、内定を出せるような人材が80人もいない」などという話も聞きます。また、「当社は社員数40人程度なので、新卒は多くても3人程度でいい。でも、内定を出しても大手企業に逃げられてしまう」などという話も聞こえてきます。

採用活動には、労力・時間だけでなくコストもかかります。

株式会社マイナビの「2019年卒マイナビ企業新卒内定状況調査」によると、**入社予定者1人当たりの採用にかかる費用は、全体平均で48万円**というデータが出ています。上場企業は45・6万円、非上場企業は48・4万円という結果で、約50万円です。

採用にかかる費用には、求人情報誌への広告の掲載費だけでなく、説明会を開催する際の会場費やDM発送費、採用ツールの作成費などが含まれています。

採用にかかる費用の総額は、全体平均で557・9万円です。上場企業では、1

７８３・９万円、非上場企業では３７５・１万円という結果です。

若さが価値になる時代はいつまでか

では、新卒採用ではなく、人材紹介サービスを利用し、中途採用を行う場合はどうなのでしょうか。

応募者の能力や経験によって差はありますが、人材紹介サービスの紹介手数料は、平均で年収の30～35％程度です。

この場合、年収６００万円を希望する応募者にかかる紹介手数料は、約２１０万円（６００万円×35％）となり、先ほどの新卒採用コストと比べると4人分程度になります。

もちろん、これを割高と捉えるか、お買い得だと捉えるかは企業によって異なるでしょう。

ただ私は、今後さらに若年人口が減少し、人材採用競争が激化する中では、しばらくは「年齢が若い」ということの価値が、より上がるのではないかと推測しています。

第二新卒を採用することも方法の1つですが、新卒者を採用することで、企業文化の継承や教育を行うことが企業存続の秘訣です。

新卒採用活動のノウハウは一朝一夕には身につきません。たとえコストがかかったとしても、企業は毎年新卒者の採用活動を実施すべきだと思います。

優秀社員は給料の「5倍」を稼ぐ

給与がなかなか上がらない理由

自分に支払われている給料と会社に対する売上・利益を比べて、もっと会社から多く給料をもらってもいいはずだ！　と考えているビジネスパーソンはたくさんいます。

しかし、会社の運営には、実にさまざまなコストがかかります。

人事制度の構築を支援する中で、若手社員の人にヒアリングを行う機会があります。そこでは、組織風土、自社の等級制度、評価制度、給与制度などについて、1

人当たり40～60分程度ざっくばらんに話を聞きます。

そこで、よく出るのは、「もっと給料を上げてほしい」という声です。

「給料を上げてほしい」と思っている若手の中には「会社は僕たち若手に還元せずに、社長含め役員だけが、高い給料をもらっているに違いない」といった考えを持つ人もいます。

たしかに、世の中には社員に還元するという考えを持たない会社も実際にありますが、割合としては少ない、もしくは少なくなってきている、というのが私の認識です。

多くの会社は、自社の社員が何とか豊かな生活ができるように苦心しながら給与を決定しています。しかしながら、この不安定な経済状況の中では、なかなか給与を上げることができないというのが実情です。

また、「私は今期３０００万円の売上を上げました。それなのに、給与が25万円程度の水準のままなのはおかしい。いまは1人暮らしなのですが、この手取り金額では結婚などの将来が見えない」といった声もよく聞きます。

しかし、売上を３０００万円上げたとしても、給与に回すことができる原資は業界によってはかなり少ないこともあります。

☑利益と原価に注目しよう

では、会社の利益やお金の仕組みは、どうなっているのでしょうか。
会社における利益には、５つの種類があります。

①売上総利益……一般的には粗利といわれる。これは、売上高から、仕入れにかかった原価を引いたうえで出てくる数値。
②営業利益　……粗利から販売管理費を差し引いたもの。販売管理費には、商品を販売するための広告費用、社員の給与、外注費、毎月の交通費、取引先との接待費用なども含まれる。企業の本業で稼いだ利益ともいえる。

③経常利益……営業利益に営業外収益を足し、営業外費用を引いたうえで出てくる数値。
ラーメン店であれば、ラーメン店以外で稼いだ収益（マンション経営や駐車場経営などで得た収益）が営業外収益に当たる。営業外費用は、銀行から借りているお金の利息などが当てはまる。

④税引き前当期純利益……経常利益に特別利益を足し、特別損失を引いた残りの利益。特別利益とは、不動産の売却による収益などが当てはまる。特別損失は、災害などによる損失などが当てはまる。

⑤当期純利益……税引き前当期純利益から、法人税や所得税など諸々の税金を支払った後の利益。

企業はこの⑤純利益をできるだけ多く上げることが、1つのゴールです。しかし、この純利益に行き着くまでに、実に多くのお金がマイナスされていきます。

☑ 給料以外のお金も会社は支払っている

会社が給与原資に回せるお金は、①の売上総利益から支出するのですが、売上に占める原価の割合がそもそも大きい場合があります。

製造業などは、会社によっては、原価率（売上原価÷売上高）が90％以上にもなることもあります。

仮に会社の原価率が90％の場合、3000万円の売上があったとしても、売上高総利益は300万円（3000万円×10％）になります。交通費や広告費などの経費を含まず、純利益も度外視したとしても、会社として社員に支払える最大金額は300万円です。

ただし、会社が社員に対して支払っているお金は、給料だけではありません。社会保険費用や退職金積み立てなどに多くの費用がかかっています。

社会保険料の場合は企業と社員がほぼ同額を支払います。目安ですが、社会保険料は、給与の15％と覚えておくとよいでしょう。

たとえば、月給25万円の社員にかかる社会保険費用は、試算すると3万7500円となります。

会社は25万円+3万7500円=28万7500円を、最低でも負担していることになります。

「給料の5倍を稼げば1人前」と言われるワケ

昔から、社員は「給料の5倍を稼げば1人前だ」と言われます。

もちろん業界や収益性によっても異なりますが、〝1人前〟という意味であれば的を射ています。

業種業態によって変動しますが、会社にとって本来は、社員1人につき少なくとも年収の10倍程度の売上が必要です。

たとえば、Aさんの年収が480万円の場合、支払われている社会保険費用や退職金費用などは年収の約1・25倍程度で、社員の実質的な負担額は約600万円となります。

この人が営業職だとすると、直接売上には関わらない、総務・購買・仕入れなどを担う社員の給料分も稼ぎ出さなければなりません。

営業職とバックオフィス系の社員の比率が3対1とした場合、3人の営業職で1人のバックオフィス系の社員の給料を稼ぐ計算になりますが、今回は営業職とバックオフィス系社員の給与が同額だと仮定します。

そして、労働分配率（65ページ参照）は50％、粗利率（売上の中から粗利益になる金額）が30％とした場合、Aさんの稼ぐべき金額は次表のようになります。

以上のように仮定すると、年収が480万円のAさんは、最低でも5200万円、年収の約11倍の売上を上げなければ、いまの給与は維持できません。

とはいえ、これはあくまで理想の姿なので、**「1人前」であれば、その半分の5倍でも会社として運営は成立する**でしょう。

冒頭の「3000万円を売り上げたのに……」と嘆く社員は、支給されている給

給与を維持するために必要な売上金額（年収480万円の人の場合）

支給されている年間給与	480万円
支給されている給与に社会保険費用などの金額を加算した場合 **480万円×1.25=600**	600万円
バックオフィス系社員1人の給与を営業社員3人で稼ぐ場合 **600万円×1.3=780**	780万円
労働分配率が 50% とした場合 **780万円×2=1560**	1560万円
粗利率が 30% とした場合 **1560万円×3.3=5148**	約5200万円

料が25万円、賞与なしとすると年収は３００万円となります。売上の10分の１が給与だと考えると、厳しいようですが適性値だといえるでしょう。

退職金は生涯収入の「5%」で生涯設計をしよう

一生で稼ぐお金はどれくらいか

2019年6月に金融庁の「老後資金として2000万円不足する」という報告書が大きな話題になりました。

組織で働く人には誰しも定年が訪れますが、定年（60歳）まで働き続けた場合、総額でどの程度の収入を得られるのでしょうか。また、いったいいくらあれば豊かな老後を過ごすことができるのでしょうか。

巷《ちまた》では3億円や2・5億円であるといわれますが、実際はどうなのでしょう。

企業の給与制度を設計する際、「モデル給与」というものをつくります。

これは高校、もしくは大学を卒業して入社したあと、定年まで順調に昇格した場合のモデルケースのことです（もちろん、順調に進まない場合も含めて複数のモデルを設計します）。

その際の生涯収入は、2億円程度になることが多いので、巷でいわれている話もあながち間違いではありません。生涯収入が2億円の場合、毎年の平均年収は、2億円÷38年（22～60歳）＝約526万円となります。

日本人の平均年収は約500万円といわれているので、これとだいたい合致しています。

生涯収入については、労働政策研究・研修機構が2017年に出した調査では、学歴別にさまざまですが、2・5～2・8億円の間で推移しています。

☑ 中小企業の退職金相場

では、定年後の退職金水準はどの程度なのでしょうか。経団連が2014年に実施した調査では、大卒総合職で60歳まで勤めた場合の退職金は、2358万円となっています。

この調査の回答企業は、経団連企業会員と東京経営者協会企業に所属する企業の257社で、社員数は500人以上が81・7%ですので、さすがに高水準だなという印象です。

そこで、東京都産業労働局が2018年に出した「中小企業の賃金・退職金事情」のデータを見てみると、調査産業別大学卒の勤続年数モデル退職金では、1203万円となっています。

中小企業の支援がメインの私としては、この数字のほうがしっくりきます。約1000万円とすると、生涯収入を2億円とした場合、約5%に当たります。

企業にもよりますが、退職金は給与、等級や役職とも連動するため、だいたい生涯年収の5%だと覚えておいて間違いはないでしょう。

金融庁が発表した「老後に2000万円が必要だ」という話は、高齢夫婦の収入(年金などを含む)を21万円とした場合、毎月の支出が平均的に26万円なので、毎月5万円が不足する。毎月5万円不足するとした場合、35年（60～95歳）で2100万円となるので、約2000万円が不足するでしょうという試算です。

もし仮に大企業に勤めており、調査結果のように2358万円が支給されるのであれば、問題なく老後を暮らすことができます。しかしそうでない場合は、60歳以降も働き続ける、もしくは切り詰めた生活をすることが求められます。

ただし、金融庁の試算の35年というのはやや過剰な気もします。実際には25年程度（85歳）でしょうから、試算通りにいくと約1500万円（5万円×12カ月×25年）あれば、支給される退職金に加えて60～65歳まで働くことによる収入で、差額となる月5万円はカバーできることになります。

人生100年時代を生き抜くには

とはいえ、転職市場が過熱し、フリーランスで働く人が増えていることを考えると、1つの企業に定年まで勤め上げるケースは今後少なくなるでしょう。

企業から支給される退職金制度の多くは、勤続年数に比例して高くなることが多いので、これからは先に述べたような退職金の金額を支給される人は少なくなる可能性があります。

となると、

①定年後も働き続けられる会社を選ぶこと
②資産運用を行い老後に備えておくこと
③自らのスキルや経験を活かして定年後独立を行うこと

といった人生設計が必要になるでしょう。退職金はあくまで「1社に勤めあげた時の生涯賃金の5%」だと想定したうえで、将来設計を行う必要があります。

年間「500時間」の通勤時間を有効活用する

通勤電車内は学習ルーム

都心で働くビジネスパーソンであれば、通勤にかかる時間は大きな問題です。実際に、この通勤時間はいったいどのくらいなのでしょうか。

ある調査によると、5年以内に住宅を購入したビジネスパーソンの平均片道通勤時間は、58分という結果でした（アットホーム株式会社　2014年「通勤」の実態調査）。

ということは、往復で2時間を通勤時間にかけている計算になります。

1カ月のうち、22日が出勤日とすると2時間×22日＝44時間、これが1年だとすると44時間×12カ月=**528時間**となります。日数にすると約3週間（528時間÷24時間=22日）にもなり、かなり大きな時間です。

毎日の努力が大きな差をつくる

「1・01の法則」という法則があります。

1・01を365乗（365日）すると37・8となり、何もしない1と比べると37・8倍もの差が出ることになります。

これは、毎日少しずつ努力すると、毎日何もしないよりも長い目で見れば大きな差が出るという法則なのです。

年間通勤時間が500時間あれば、通勤しながらスキルアップのための資格取得の勉強もできそうです。

たとえば、国家試験で最高難易度といわれる弁護士の予備試験は、合格までに6000時間、公認会計士では、3000時間の勉強が必要といわれています。

社会保険労務士であれば1000時間、行政書士であれば600時間、宅地建物取引主任者であれば400時間、勉強しなければならないといわれています。

個人のバックグラウンドによっても合格までにかかる時間は異なりますし、よほど意志が強くない限り、通勤時間の勉強だけでは合格は難しいかもしれません。

しかし、年間500時間の通勤時間を有効活用すれば、ぐっと合格に近づくことはできるはずです。

通勤時間を読書にあてることもできます。

2018年に「楽天ブックス」が実施した「ビジネスパーソンの読書の実対調査」では、1日に1時間以上の読書時間を確保する人の割合は11・6%でした。ちなみに、15分未満という回答は39・4%です。

もし1日に2時間を読書にあてるのであれば、11・6%の中でもさらに上位に入ることができるでしょう。

通勤時間内を有効活用し、少しずつ努力を積み重ねることによって、大きな成果が出ることは間違いありません。

入社「5年間」は成果が出なくても焦る必要はない

何かを成し遂げるには「1万時間」必要

いつまでたっても仕事の成果が出ない。会社からも期待外れだったと思われている気がする。そんなふうに焦る人もいるでしょう。

新人研修を行なっていると「仕事ができるようになるには、何年くらいかかりますか？」という質問を受けることがあります。

私は「個人差はあるけれど、普通に働いていたら5年くらいかな」と答えることにしています。

そうすると、「5年かぁ……長いですね」といった答えが返ってくることがよくあります。

有名な法則で**「1万時間の法則」**というものがあります。

1万時間というのは、物事を1人前にできるようになるために必要な時間だといわれています。

実際には、努力の「質」や物事の難易度などによっても変わるので一概には言えませんが、「1万時間」というとインパクトがあり、かつ実体験とそう乖離したものでもないので、広く一般的に知られています。

☑ 人の成長は一定のペースで進むわけではない

では、この1万時間というのは、一般のビジネスパーソンでいうとどれくらいの期間になるのでしょうか。

毎日の労働時間を8時間とすると、1万時間÷8時間＝1250日が必要となります。ただし、会社員は365日毎日働くわけではありません。年間の平均休日は

114日（113・7日）というのが2018年の厚生労働省のデータで出ていますので、この数字を採用すると、労働日数は、〈365日－114日＝251日〉となります。すると〈1250日÷251日＝4・98年〉となり、だいたい**5年程度働けば1万時間を達成することができます**。

人の成長速度や成長方法はさまざまです。

正比例のグラフのように　時間とともに着実に成長する人もいれば、指数関数のグラフのように、4年目まで成長の兆しが見えない場合でも、5年目になって急激に成長することもあります。

特に、指数関数的に成長するタイプの人は、初期の段階では成長している実感を得にくく、途中で心が折れてしまったり、諦めて退職してしまったりします。

これは特に、人を育成する側の人に心得ておいてほしいところです。

人手不足の中小企業では、どうしても3年で1人前、早いところでは1年で1人前になってもらわないと困るという風潮があります。

そして、3年で芽が出ない場合、「あいつはできないやつだ」というレッテルを貼ります。

教育心理学に、**「ピグマリオン効果」**というものがあります。

これは、教師に対して「この生徒は成績が伸びる生徒だ」と伝えたうえで教育に当たらせた結果、実際にその生徒の成績が上がった、という現象です。

反対は「ゴーレム効果」といい、人は他者から期待されないと成績が低下するという現象です。

この実験は、「単なる教師のえこひいきではないか」とか「伸びる生徒との前提があるから積極的に関与したのではないか」というさまざまな批判はあるものの、人材育成に置き換えた場合には役に立つ考え方です。

「小さな期待」が人を勇気づける

できない社員だと思い込まれてしまうと、その社員には、成長の機会を得られる仕事がなかなか割り振られません。

できる社員だと思われている人には、「最近伸びている彼、彼女に仕事を任せてみよう」と成長の機会を得られる仕事がたくさん舞い込みます。

その結果、ビジネス人生は40年ほど続くにもかかわらず、大きな差が生まれてしまいます。

これはあまりにももったいない話です。3年で芽が出なかった人でも、10年後には会社を支えるエース社員になるかもしれないのですから。

人材育成は「担雪埋井《たんせつまいせい》」だといわれます。これは臨済宗の僧侶、白隠禅師の言葉です。「担雪埋井」とは、井戸の中に雪を放り込んで埋めてもすぐに溶けてなくなることから、何ごとも根気よく、繰り返し行う必要があることを表しています。

会社としては、社員が1万時間に達するまで諦めずに成長し続けられるように方針を立てることが重要ですし、現場の上司や先輩にも少し長いスパンでしっかりと教育し続け、フォローするよう意識を変えていく必要があります。

日本の社長は「50人」に1人と覚えておくと、高級品市場が見える

意外と多い日本の社長の数

ビジネスパーソンであれば、中小企業の社長や取締役と面談するケースも少なくないでしょう。

では、日本には「社長」はいったいどのくらい存在するのでしょうか。

国税庁の平成29年（2017年）会社標本調査によると、日本の会社数は270万6627社となっています。

日本の人口は1・2億人なので、1・2億人÷270万人＝44・44となり、だいたい50人に1人が社長だといえます。

労働者人口は6720万人（2017年データ、総務省発表）なので、6720万人÷270万人＝24・88となり、なんと、約25人、いわば学校の1クラスで1人は社長をしているという結果になります。

こう考えると、「誰が買えるんだ？」と思うような高級時計や、「誰が住むのだろう？」と思うような高級マンションの市場が、常に賑わっている理由もうなずけます。

社長の年収はどれくらいか

では、実際のところ社長の年収はいったいどれくらいなのでしょうか。

労務行政研究所が2019年に出した調査によると、社長の平均年収は4000万円台というデータが出ています。

ただし、この調査母数となった企業は、全国証券市場の上場企業（振興市場の上場企業も含む）3467社と、上場企業に匹敵する非上場企業（資本金5億円以上かつ従業員500人以上。一部「資本金5億円以上または従業員500人以上」を含む）70社の合計３７１７社の回答のため、中小企業の数字とはかなり大きな開きがあります。

では、中小企業の社長の年収について、参考となる数字を紹介しましょう。日本実業出版社の「月刊企業実務」（２０１０年12月発行）のアンケートのデータによると、社長の年間給与合計の平均額は「２０２０万円」です（購読者７０００社のうち有効回答２１２社）。

しかし、このアンケートでは、突出して年収が多い人がいたのか、一番回答数の多かったのは「１２００万円以上、１８００万円未満」でした。このゾーンが２１２社のうちの約４割を占めます。つまり、このあたりがボリュームゾーンということです。

ちなみに、２０１４年に日本実業出版社が行った、中小企業を対象としたアンケート調査では、社長の平均報酬月額は１２０・４万円、年間賞与は３０２・９万円となっています。年収でいうと、約１７５０万円といったところでしょうか。

これくらいの収入であれば、ある程度の高級商品にも手が届きそうです。新車が買えるくらいの時計の販売価格も、法外な値段ではないように感じます。

一般の会社員の人からすると、この年収は高いほうだと思いますが、普段から経営者と接している私から見ると安すぎるように感じます。

社長は常に会社のことを一番に考え、場合によっては個人名義で借り入れも行い、会社が倒産した時にはもっとも大きなリスクを負うからです。新入社員の年収が300万円だとすると、社員4~6人分の金額です。

「社長になれば、食事や交際費など、経費で落とせるものも多いじゃないか」と言う人もいますが、経費といっても、〝タダ〟ではありません。

日本では、どうしても高い給料をもらっていると、叩かれたり、疎まれたりする風潮にあるような気がしますが、しっかりと社長業を務めている社長には、適切な報酬が得られる社会になってほしいものです。

そして、社長には遠慮することなく高級商品を購入してもらうことが、ひいては日本の景気をよくする一助になるかもしれません。

第4章

知っておきたい「ビジネス数字の法則」

売上の8割は2割の仕事で稼いでいる

たった2割が大きな差を生む

ビジネスパーソンによく知られている法則に**「2：8の法則」**というものがあります。「にはちのほうそく」や「にたいはちのほうそく」、あるいは「にっぱち」と呼ばれています。「20対80の法則」や、数字の順を逆にした、「8対2の法則」と呼ばれることもあります。

なぜこの法則が有名なのかというと、応用できる範囲がかなり広いからです。

もともとはイタリアの経済学者のヴィルフレド・パレートが提唱したもので、**「パレートの法則」**とも呼ばれます。「ある国の全人口の2割の人々が、8割の富を所有している」という観点から、富の再分配を説いたものでした。

この法則はもともと経済学の概念でしたが、さまざまな社会現象や自然現象、ビジネスの実態に当てはまることが多いため一躍有名になりました。

たとえば、以下のような事実です。


売上の8割は、全体の2割のお客様からの売上で稼いでいる

業態によっては当てはまらないかもしれませんが、多くの場合、売上の8割は、たった2割のロイヤルカスタマー（優良顧客）から稼いでいます。

売上の8割は、全体の2割の商品から成り立っている

多様な商品があったとしても、定番商品や人気商品などの2割の商品で、売上が成り立っていることが多くあります。

重要なのは「定番商品や人気商品しか売れないから、ほかの商品の取り扱いを減らそう」というのではなく、「定番商品や人気商品以外を除いた8割をどう売って、売上に占める割合をどう増やしていくか」という発想を持つことです。

ただし、近年、特にインターネット上では、このパレートの法則とは逆の**「ロングテールの法則」**が主流になりつつあります。これは「全体の８割の売れない商品の売上の合計は、売れている２割の商品の売上よりも大きい」というものです。ニッチでほとんど売れない商品でも、幅広く取りそろえることで、売上は伸ばすことができるのです。

仕事の成果の8割は、費やした時間全体の2割で生み出している

長い間時間をかけてつくった成果物であっても、その成果物がよいと評価される８割の部分は、費やした時間全体の２割で構成されているということです。

要領のよい人なら、８時間勤務のうち１・６時間に全精力を注いで働けば、８割満足のいく成果が出るということにもなるでしょう（ただし、ＯＮとＯＦＦの時間配分を恣意《しい》的にできるのであれば、ですが）。

仕事の基本は「準備8割、本番2割」

歌舞伎の世界で生まれた格言に「段取り八分仕上げ二分」という言葉があります。「準備8割、本番2割」のような意味です。

これはビジネスにおいても当てはまります。

プレゼンや商談では、本番で何とかなるだろうと考え、事前準備をあまりしない人もいますが、現実はそんなに甘くありません。準備8割、本番2割としたほうが適切です。

私も研修講師を務めることがありますが、その際に上司から「研修は準備8割だから、準備に全精力を注ぎなさい」とアドバイスをされたことがあります。

一方で、上司からは、「研修は人あってのものだし、トラブルもつきものだから、表情や仕草などを見つつ、準備していたものはすべて捨てるつもりで、本番に臨みなさい」とも言われました。

こう言われると「結局、準備せずに本番に臨んだほうが効率的じゃないか」と思う人がいるかもしれませんが、しっかりと準備をするからこそ、本番ですべてを捨てても成立するのです。

準備があるから、応用ができるようになります。これはどんな仕事においても通じることなのです。

1位と2位の差は2倍開く

何でも1位が圧倒的に強い

「2位じゃダメなんでしょうか?」

昔、ある国会議員の発言が話題になりましたが、実際は1位と2位の差は想像以上に大きいものです。

「ジップの法則」と呼ばれる法則があります。これは、1位と2位の差は2倍で開くという法則です。

アメリカの言語学者ジョージ・キングズリー・ジップが、英文の中で一番出てくる単語は何かを調査したところ、1位は「the」で7%、2位は「of」で3・5%、

3位は「and」で3％となったそうです。つまり、1位の単語の半分の数が2位の数となり、1位の単語の3分の1の数が3位の数となったのです。

この現象は、シェイクスピアの「ハムレット」などの1作品中でも成立するといいます。

ほかにも、ウェブページへのアクセス頻度や都市の人口（都市の順位・規模法則）、上位3％の人々の収入、音楽における音符の使用頻度、細胞内での遺伝子の発現量などにも、この法則は当てはまります。

実際に日本の都市の人口を見ると、東京都特別区部は927万人、神奈川県の横浜市は372万人、大阪府の大阪市は269万人となり、横浜市は東京の約40％、大阪市は、東京の約29％となり、この法則通りといっていいでしょう。

競争相手に勝つには

ジップの法則は、このように主に言語や都市の人口には当てはまりますが、ビジネスの場ではどうなのでしょうか。

まず、1位と2位では、人の記憶に残る確率が圧倒的に違います。

そして第3章で紹介したAIDMAの「A」(Attention＝注意を引く)に当てはめると、この違いによって、最終的に商品の購買率も変わってきます。

また、第2章で紹介した「ランチェスター戦略」でも、1位と2位以下では戦い方は大きく異なります。

ランチェスター戦略によると、1位の会社が取るべき戦略は、「足下《そっか》の敵」攻撃です。つまり、2位の会社に焦点を当てて戦えば、自社のシェアはよりアップすることになり、1位と2位の差をより大きくすることができるというわけです。このように2位の会社と戦うことを「ミート戦略」といいます。

一方、2位以下の会社は、総力では敵わないため、なるべく「一対一」の戦いに持ち込める場面を選んで戦力を一点集中する「ゲリラ戦」のほうが有利といわれています。

どんな分野でも、1位であることは大きな強みやブランド力になるのです。

組織は必ず「2：6：2」の割合に収束する

働かないアリが生まれるワケ

「働きアリの法則」というものがあります。北海道大学大学院の長谷川英祐准教授の研究によって導き出されたもので、「2割はよく働き、6割は普通に働き、2割は怠ける」というものです。

アリの集団をよくよく観察してみると、働きアリの中に必ず2割くらいはサボっている「働かないアリ」がいます。働かないアリを集団から取り除くと、残りの集団からまた2割程度が働かないようになります。逆に、働かないアリだけで集団をつくると、一部は働き者となり、2割のアリは働かなくなりました。

この背景には、アリの生き延びる知恵が働いているようです。

アリの世界では、仕事に対する「反応閾値《はんのういきち》」(感覚や反応や興奮を起こさせるのに必要な、最小の強度や刺激などの量)があります。反応閾値とは、平たく言うと出来事に対するフットワークの軽さです。

やるべき仕事がある時は、まず反応閾値が低いアリが動きます。そのアリが疲れて動けなくなると、働いていなかった反応閾値が高いアリが働くようになります。

アリの巣にいるアリ全員がいっせいに働くと、疲弊するタイミングが同じになり、危機的な状況に対応できません。そのために、常に働かないアリがいるように組織が「仕組み化」されているのです。

このように、常に労働を停滞させないのが、「働きアリの法則」の効果です。

☑ 6割の人の行動は2割の人に影響される

ヒトの組織においても、経験則で「2：6：2」が当てはまります。

会社などの組織では、「仕事のできる人・普通の人・できない人」が「2：6：2」の割合で分かれます。これを**「2：6：2の法則」**と呼んでいます。

多くの企業の人事担当者に聞いても、だいたいこの比率が当てはまるそうで、2割のハイパフォーマーが、真ん中の6割を牽引しており、何か問題を起こすのは決まって下の2割の社員といいます。

ただし、会社の場合重要なのは、中間の6割、および下の2割をいかに引き上げるかということです。それが、組織全体の強さを生み出します。

下の2割の人も、組織のバランスを保つには必要な人材です。働きアリの法則に照らし合わせると、下の2割を排除したとしても、真面目に頑張っていた6割の中の誰かが、下の2割になるのです。

私が人事制度の支援を行う時に大切にしているのは、全員が活躍できる組織をつくることです。そのために「顧客企業、そこで働く社員、そして顧客企業の取引先もハッピーになる制度」を提案したいと考えています。

しかし実際は、全員がハッピーになれる制度をつくることができるケースは、そう多くはありません。改革のタイミングで、既得権益となっていた諸手当や処遇などを見直す（多くは減らす、なくす）ことが多いからです。

そのため、提案や改革の内容にかかわらず、常に2割は反対する人がいます。改革について社員の人に説明したあとにアンケートを実施すると、ほぼ賛成が2割、反対が2割、どちらでもないが6割となります。そして、賛成の2割側に影響力の強い人がいれば、どちらでもない6割の層は賛成側に回ります。

ですから、私たちとしては、2割の強い賛成をとりつけることに全力を注いだほうが、どちらでもない6割を賛成へと導きやすい――ということになります。

組織改革では、この法則のバランス・オブ・パワーを有効活用すべきです。

人間関係にも当てはまる「2：6：2の法則」

人間関係においても同じです。

大学時代に塾講師をしていた時は、生徒から「友達とうまくいかない」「本当に仲のいい友達がいない」といった悩みをよく相談されました。そんな時は、

「人間関係は2：6：2の法則だよ。心の底から信頼できて仲のいい人はたった2割、普通くらいの友達が6割、絶対に仲良くなれない人は2割いる。だから、うまくいかない友達は、下の2割と思って割り切るしかないよ」

と答えていました。

職場の人間関係でも、どうしても相性のよくない上司や同僚がいると思います。しかし、その人たちは、絶対にうまくいかない2割の人かもしれません。その人との関係をよい方向へ変えようと努力しても、徒労に終わる可能性が高いので、割り切って、関係を悪化させない程度に付き合うしかないでしょう。

研修の効果は「1割」。人は現場での学びとアドバイスで育つ

現場の活用がスキルアップのカギ

将来あなたもリーダーになって部下を持ったり、人を育てる仕事に携わったりすることもあるかもしれません。そんな時に、役立つ法則があります。

「70・20・10」――これは何の数字だと思いますか。

これは、**人材育成に影響を及ぼす「行為の割合」**を表す数字です。

人は仕事に関するスキルや知識を身につけていく時、70%を現場から学び、20%を他人のアドバイスや助言から学び、10%を座学から学ぶといわれます。

もともとは、アメリカのロミンガー社が管理職になった人材に対して、「どのよ

うにリーダーシップを学んだか」という調査から出てきた数字です。

人材を育てるとなると、多くの会社はまず研修などの座学での学びを考えますが、その効果は実は10％しかなく、「研修だけ」では成果は出ません。

研修はあくまできっかけです。重要なのは、現場で実践し、70％を占める「現場での学び」をいかに深めていくか、ということです。研修を受講したあとは、学んだ内容をどうやって実際の仕事に落とし込むかを考えることが重要なのです。

人材育成での「学びのステップ」

では、部下や社員に対して、現場での学びをどのように促せばよいのでしょうか。

まずは人が育つサイクルを知る必要があります。

人を育てるうえで重要な概念として、「コルブの経験学習理論」という考え方があります。これは、**「経験—省察—概念化—実践」**というサイクルで成り立つ理論で、人が出来事から学ぶ時のステップを表しています。

経験—省察—概念化—実践のサイクル

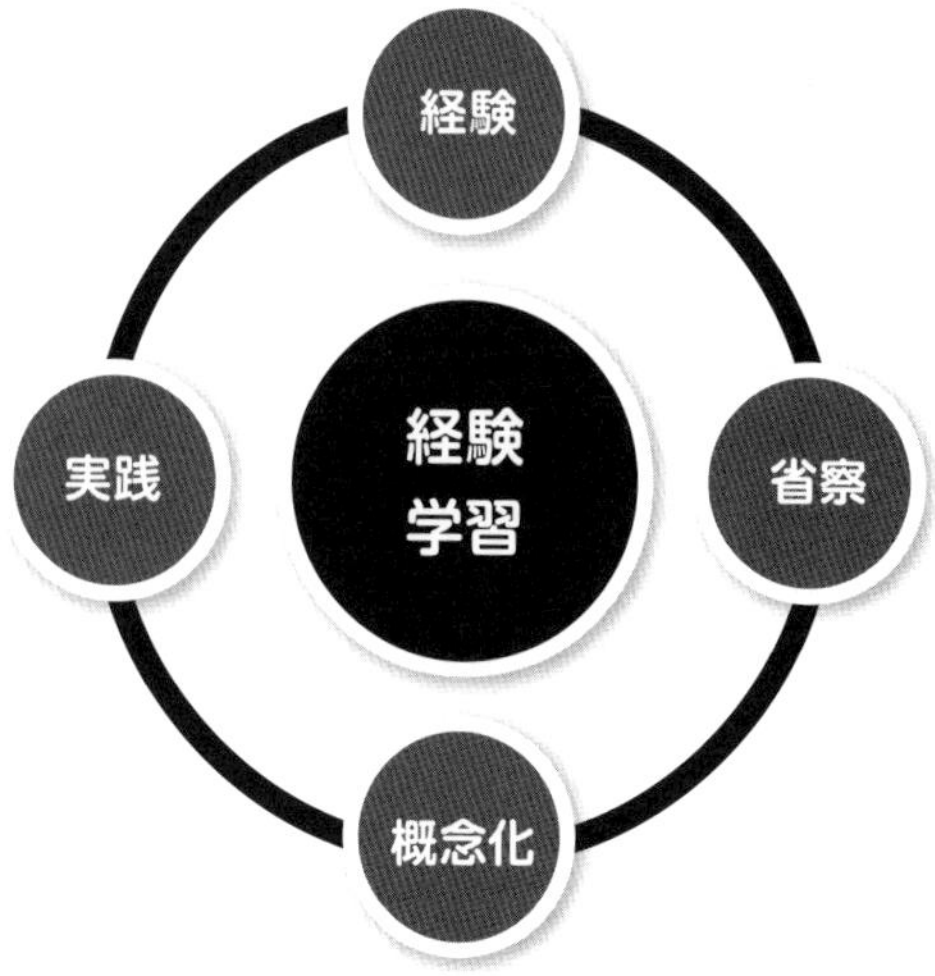

「省察」は、出来事に対する質問を通じて、その出来事がよかったのか、悪かったのかを振り返ることです。

「概念化」は、省察した出来事を抽象化して、「別の何かにも転用や応用ができないか」を考えることです。

たとえば、仕事でミスや事故が起きた際は、「なぜそれが起こったのか」「再発を防ぐにはどうすればよいのか」という検討を行います。

しかし、検討だけで終われば、その場では対処できても、違うミスや事故が起こった時は対処ができません。

ミスや事故を抽象化し、ほかの物事に当てはめるとどうなるのか？　という視点で振り返るプロセスが重要です。

これは仕事で成功した場合でも同じです。

ついつい成功要因よりも、失敗の原因追求にばかり焦点を当てがちですが、ベストプラクティス（成功事例）もしっかりと振り返り、その成功を1回きりのまぐれ

経験—省察—概念化—実践の内容・具体例

フェーズ	内容	具体例
経験	「省察」に値する経験を行う。予期していなかった体験を行う。もしくは、普段の業務を省察することで、学びの経験とする	「発送処理のミスによって異なった製品が発送され、お客様からのクレームが発生」
省察	経験に対して質問や振り返りを通じて出来事が良かったのか、悪かったのかを振り返る。他者からの質問や指摘を受けながら行う	「口頭で発注担当に伝えてしまったのがよくなかった」「発注の連絡は記録に残るようにするべきだった」
概念化	省察した出来事を概念化して、別の何かにも転用できないか、応用できないかということを考える（マイセオリーに発展させる）	「重要な連絡は口頭ではなく、メールなどの記録に残る手段で行うべきである」
実践	省察～概念化を踏まえて、新しい取り組みを行う	学びを周りに共有する、実践する

当たりで終わらせることなく、再現性のあるレベルまで抽象化していかなければなりません。

埋もれたノウハウを見える化するコツ

私が実際に支援した例では、企業内における「ベストプラクティスを共有する」という仕組みを導入したことがあります。

会議などの全社員が集まる場で、ベテラン社員から若手社員まで、日々取り組んでいる仕事で成功したこと、工夫・改善したことを発表してもらいました。

取り組む前までは、「工夫していることなんかない」「成功事例と言われても、そんな事例はない」といった消極的な意見が挙がることが多いですが、実際にやってみるとベストプラクティスが出てきて、案外盛り上がりました。

発表者自身も、発表の準備をする中で「経験－省察－概念化」を行うため、経験学習（経験したことから学びを得ること）が知らず知らずのうちに行われます。

このような「暗黙知」、すなわち言葉にはされていないけれども、知らず知らずのうちに使っているノウハウは、決算書には表記されない、非常に価値のある〝隠れ資産〟といえます。社内でベストプラクティスを共有する人が多くなればなるほど、組織の資産が増えることになります。

そして、隠れたノウハウを明文化し、組織内で共有すると、他社には絶対に真似のできない差別化ポイントになります。

「ベストプラクティス集」は、自社で起こった出来事が中心なので、研修受講やビジネス書を読むよりもリアルで、役立つスキルが集められています。ベストプラクティスがある程度蓄積されれば、それをシーン別、課題別にまとめることで、自社オリジナルのノウハウ・マニュアルができます。

経験年数やテーマ別にまとめることができれば、今後入社してくる人材や管理職になった人材の育成にも活用することができるでしょう。

ホテル業で有名なリッツ・カールトンでは、顧客の感動体験を「WOWストーリー」

（お客様がワオ！　と言ってしまう感動のストーリー）と呼んでいます。

そして、世界各地で誕生した「ＷＯＷストーリー」を共有することで、従業員のモチベーションを維持しています。

たとえば、顧客がプールサイドでプロポーズする計画をホテルの従業員に伝えたら、一輪の花と冷えたシャンパンとともに、プロポーズでひざまずけるように絨毯《じゅうたん》を準備してくれた話。桜の花が見たくて日本に来たのに、桜の見頃が過ぎてしまったと嘆いていたら、ホテルの部屋に満開の桜を生けた大きな花瓶と、美しい桜のカードを添えてくれた話などがあります。


ベストプラクティスは、サービス業だけではなく、ＢtoＢの製造業や卸、商社などでも実施できます。これを積み重ねていけば、数年たてばどこの会社も真似ができない強みになります。

研修は使い方を間違えると、思っていたような効果が発揮されません。人材を育てるには、どのように現場で省察を促し、概念化させるかが重要だといえます。

将来部下や社員を育てることも考え、「70・20・10の法則」を意識し、現場で学んだことを、より多くの人の学びにつなげていきましょう。

会議は2時間を超えるとガクンと生産性が落ちる

人の集中力には限界がある

堂々めぐりで、いつまでたっても終わりが見えない会議や、雑談で話がそれる会議、論点がずれて何の話かわからなくなってしまう会議など、いろいろな会議があります。これらの会議は、ただの時間のムダです。

私の場合、仕事のほとんどがお客様先で会議をする形式をとります。朝の9時から夕方18時まで缶詰になり、打ち合わせをすることも少なくありませんが、通常の会社で**生産的な会議を行うには、2時間に収める**ことがポイントです。

一般的には、人の集中力の持続限界は2時間とされています（体感的にはもっと短いような気もしますが）。そのため、会議の時間は長くても2時間、場合によっては1時間30分程度で、一度休憩を挟むほうが生産的な会議になります。

生産性の高い会議にするには、重要なポイントが3つあります。

①議題を設定する

議題は「アジェンダ」とも呼ばれます。アジェンダは、会議で何を決めるべきか（会議のゴールの設定）、何をどのくらいの時間をかけて検討すべきなのかを記載した資料のことを指します。

たとえば、会議の目的が「新しいシステムを社内に導入すること」であれば、アジェンダには、

①社内に導入する際の障壁（反対意見や障害）を列挙する
②その障壁となるものの対処方法を検討する

といったことを記載します。アジェンダを決めずに会議を行うと、議論をどう進めていいかわからず、ただ時間だけが過ぎてしまいます。

②会議参加者の役割を決める

会議参加者の役割とは、ファシリテーター、グラフィッカーの2つです。

ファシリテーターは、会議を進める司会者のような役割で、会議の中でも重要な役割を果たします。時間内に会議のゴールに到達するために、参加者から意見を引き出し、意見をまとめる役割を担います。

グラフィッカーは、会議室のホワイトボードに、出た意見をわかりやすく板書する役割です。発言はそのままにすると記憶から消えてしまいます。ホワイトボードに書きながら会議を進めると、参加者全員が会議内容を振り返りながら議論を進めることができます。

ファシリテーターとグラフィッカーは兼務することもありますが、分けたほうが役割は明確になり、スムーズに会議が進みます。

③会議の備品をそろえる

3つ目は、会議の備品をそろえることです。

会議に必要なのは、ホワイトボード、各人がストレスなく座れる空間です。普段会議をあまり行わない会社であれば、ホワイトボードが用意されていない場合もありますが、会議をする場合には必ずホワイトボード、インクがきちんと出るホワイトボードマーカーを用意しましょう。

そして、経験則になりますが、各人がストレスなく座るには、180cmの机に2名掛けが基本です。3名掛けになるとパソコンが開きづらかったり、資料を広げづらかったりします。

このように、生産性の高い会議を目指すには理由があります。それは、会議には大きなコストがかかっているからです。

たとえば、月収30万円の人であれば、2時間の会議にかかる人件費は、3750円になります（月間の労働時間が160時間とした場合、時給換算すると30万円÷

160時間＝1875円。1875円×2時間＝3750円）。会議の参加者が5人（月収が30万円）と仮定した場合、1万8750円（3750円×5人）のコストになります。月間にすると、莫大なコストがかかっていることがわかります。

そして、そのコストに見合った成果を出すことができなければ、会議を行う意味がありません。

私の支援先では、長時間の会議が課題だったので、荒療治ではありますが、社内の会議室を1時間以上使うことを禁止し、1時間以上の会議は外部のレンタル会議室を利用するようにしました。

レンタル会議室は使用料がかかるため、コスト意識が向上し、結果として生産性の高い会議を行うことができたという事例もあります。

ぜひ、ご自身の会社の会議でも、これらのことを意識してみてください。

「25分・5分」のリズムで仕事をする

集中力を持続させる時間のルール

会議に限らず、「2時間ルール」は自分自身のタイムスケジュールでも有効です。作業時間の最大を2時間と設定し、2時間以上同じ仕事を入れないようにすれば、生産的に仕事を進めることができます。

ただ、私自身は集中力が持続するタイプではないので、2時間というのはやや長く感じます。

集中力を持続させる方法の1つに**「ポモドーロ・テクニック」**という仕事の進め方があります。

これは、1つの仕事に対して、取り組む時間を最大「25分」に設定し、「5分」の休憩を取ったのちに、再度25分間仕事に取り組む。「25分＋5分」を4セット行ったあとには、20～30分程度の長めの休憩を取るという方法です。

80年代後半に、イタリア人起業家のフランチェスコ・シリロ氏が発明したもので、集中力を高め生産性を引き出すテクニックの1つとして知られています。

このテクニックを試す前までは、25分は短すぎると思っていましたが、実際に取り組むと、100％集中して仕事に取り組むことができました。

気分が落ち込んでいて仕事に取り組みたくないと思っていたとしても、25分であれば、まずは取り組んでみようかという気にもなります。

いまでは私も「Apple Watch」の「フォーカス・タイマー」というアプリを使ってポモドーロ・テクニックを実践しています。

25分たてばバイブレーションが鳴るので、わざわざ時間を気にしてタイマーを測る必要もありません。

また、日常の仕事も、ちょっとした工夫で生産性を上げることができます。マインドとスキルで分けて紹介しましょう。

まずマインドとしては、**「逆算思考」**と**「期待値」**を意識することです。

逆算思考は、仕事のゴールを設定し、ゴールまでにどのような過程が必要かということから考える思考です。ゴールを設定せずに仕事をしてしまうと、やる必要のない業務や回り道をしてしまいます。

そして次は、仕事の期待値を意識して行動します。期待値とは、仕事の発注者が求めているクオリティのことです。

たとえば、ファストフード店であれば、おいしい食事はさることながら、求められるのは「早く食事が提供されること」です。高級レストランであれば、早く食事が提供されることよりも、おいしい食事と静かな空間が求められるでしょう。

このように、すべての仕事には「期待値」があります。上司や取引先に報告する時も、相手は、口頭で伝えてほしいのか、メールでほしいのか、またはレポート形式を求めているのかを考える必要があります。口頭で構わないにもかかわらず、レポート形式で報告をしてしまうと、ムダな時間をかけることになってしまいます。

そして、スキルとしては、まず速く正確にタイピングできるようにすることが重要です。

日本語ワープロ検定試験でいうと、最低でも2級基準を目指しましょう。速さの基準は、10分で500文字です。

「e-typing」というサイトで、自分のタイピングスコアが計測できますので、練習してスコア200を目指しましょう（これが一般的なオフィスワークでは困ることのないレベルです）。

また、エクセルやワードで、よく使う作業をショートカットキーで行うのもポイントです。目標はマウス操作での作業を半分にすることです。

たとえば、

Ctrl + C：文字をコピーする
Ctrl + V：コピーした文字を貼り付ける
Alt+Tab：ウィンドウを切り替える

といった基本のショートカットキーや、Ctrl+Shiftを組み合わせた応用のショートカットキーなども、使いこなせると作業が早く進みます。

日々の仕事の中で、ちょっとした工夫を積み重ねていけば、集中力を持続させ、少しずつ作業の生産性を上げることができるはずです。

いいアイデアをつくるには15%ルールを適用しよう

自由な時間が企業を発展させる

企業にとって新商品開発、新規事業の創出は大きな課題です。わかっていても、思うように進まないのが実情でしょう。

進まない大きな理由の1つとしては、新商品開発や新規事業に費やす時間がなかなか取れないということが挙げられます。

ところが、会社で強制的に時間をつくり社員に自由に発想させることで、新製品やサービス開発につなげている企業があります。

文房具で有名なアメリカのスリーエム社では、**勤務時間の15%を自分の好きな研**

究に使ってもよいという不文律があります。世界中でいまや当たり前に使われている「ポストイット」はこの15％ルールの中から生まれました。

たとえば、グーグルでは、「勤務時間の20％をほかのプロジェクトに費やさなければならない」と義務化することで、本業以外のほかの何かを生み出すことを社員に期待しています。

ほかにも大手総合商社の丸紅やヤフーやヒューレット・パッカード社なども、同様の制度を採用しています。

☑アイデアは「自由な時間」に生まれる

15％と20％では若干の違いがありますが、8時間勤務の場合、15％は1・2時間、20％は1・6時間となり、どちらもアイデアをまとめたり調べたりするには手ごろな時間のように思えます。

先ほどの「2：8の法則」に当てはめると、80％の新規事業は20％の時間から生み出されるとも解釈できるでしょう。

成果が出るかどうかわからないのに、勤務時間中に15～20%の時間を自由に使わせることに抵抗を感じる経営者もいるかもしれません。

しかし、現在の自社製品がいつまで売れ続けるかはわかりません。新規開発のアイデアを生み出すことは、会社を続けていくうえできわめて重要な「仕事」なのです。

昔からアイデアが出る場所は、三上《さんじょう》（馬上《ばじょう》、枕上《ちんじょう》、厠上《しじょう》）とされています。何も考えずにぼんやりしている自由な時間は、一見ムダなように思えますが、実際は脳が情報を整理している大切な時間です。

そんな時間に、いいアイデアが生まれるのです。

ご褒美があると生産性が下がることがある

クリエイティブな作業でやってはいけないこと

ご褒美をもらえると頑張るのは人間の性《さが》ですが、クリエイティブな作業では、ご褒美が逆に生産性を下げてしまう可能性があります。1945年にドイツの心理学者、カール・ドゥンカーが考案した実験があります。

実験室に呼んだ人を2つのグループに分け、207ページのイラストのように「マッチと箱一杯の画びょうがあります。テーブルに蝋《ろう》が垂れないように、ロウソクを壁に取り付けてください」

という問題を課したあと、それぞれ次のような違う言葉をかけます。

●グループ１：「この問題をどれくらいの時間で解けるのか平均を知りたい」
●グループ２：「速く解けた人には5ドル払うよ。一番だったら20ドルだ」

普通に考えれば、ご褒美があるグループ２のほうが、速く解けるように思います。ところが実際は、グループ１が平均７分で解いたのに対し、グループ２は平均10・５分という結果になりました。ご褒美がもらえるグループのほうが、３分半も遅い結果となったのです（ちなみに、この答えは２０９ページのイラストのようになります。画びょうを箱から出して、壁に刺すという発想の転換が必要な問題です）。

このような創造性を要する作業では、インセンティブはマイナスの方向に働くことがあります。反対に、インセンティブが有効に働くのは、パズルを解くというような単純作業のケースだといわれています。

何かよいアイデアはないかと思い悩んでも、アイデアはなかなか出てきません。努力すれば限られた時間内に数多くのアイデアを出すことはできますが、本当によいアイデアは、たいていは時間外にふと思いつくものです。

【問題】

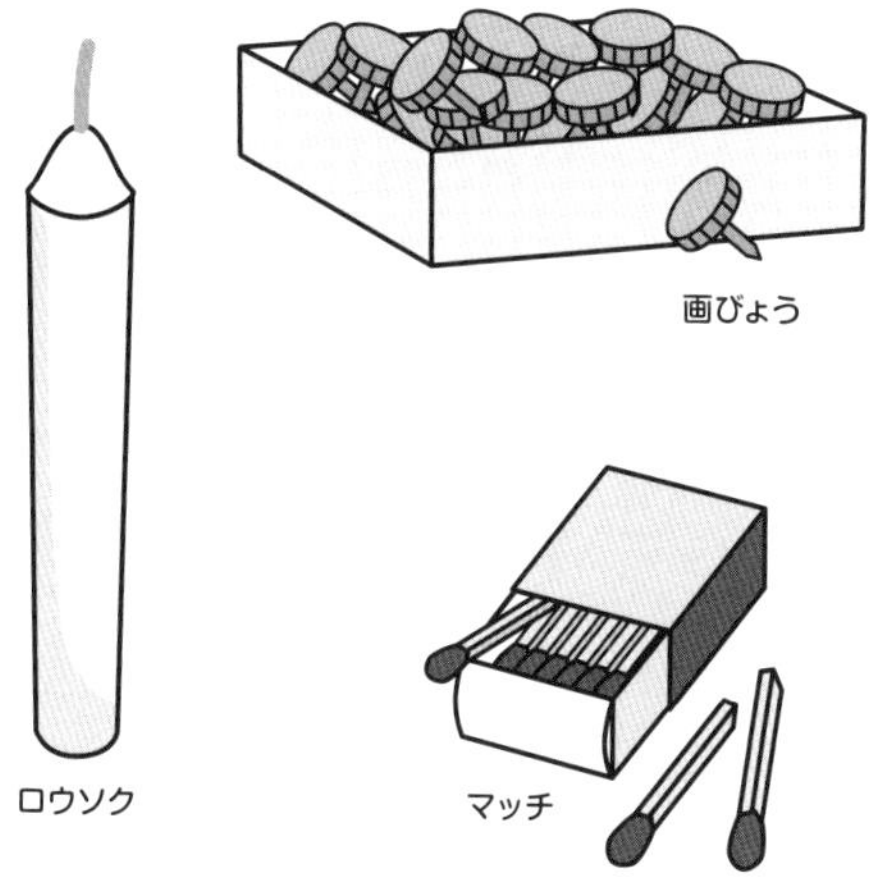

努力はムダではありませんが、大きな負荷をかければ大きなアウトプットがある、インセンティブで刺激すれば、よいアイデアが出るというものではないのです。

お金はモチベーションを上げる動機にならない

また、何か新しいものに取り組む際には、お金を与えることは逆効果になる可能性があります。

「改善提案制度」や「QC活動」といった取り組みで、1提案につき500円や1000円といった報酬を与えている企業もありますが、実は逆効果になっているケースもあるのです。

報酬を与えるという外発的動機づけで行わせることで、モチベーションを下げてしまう現象を**「アンダーマイニング効果」**といいます。

外発的動機づけは、「誰かから言われたからやる」「やらないと怒られるからやる」といった動機づけのことを指します。

【答え】

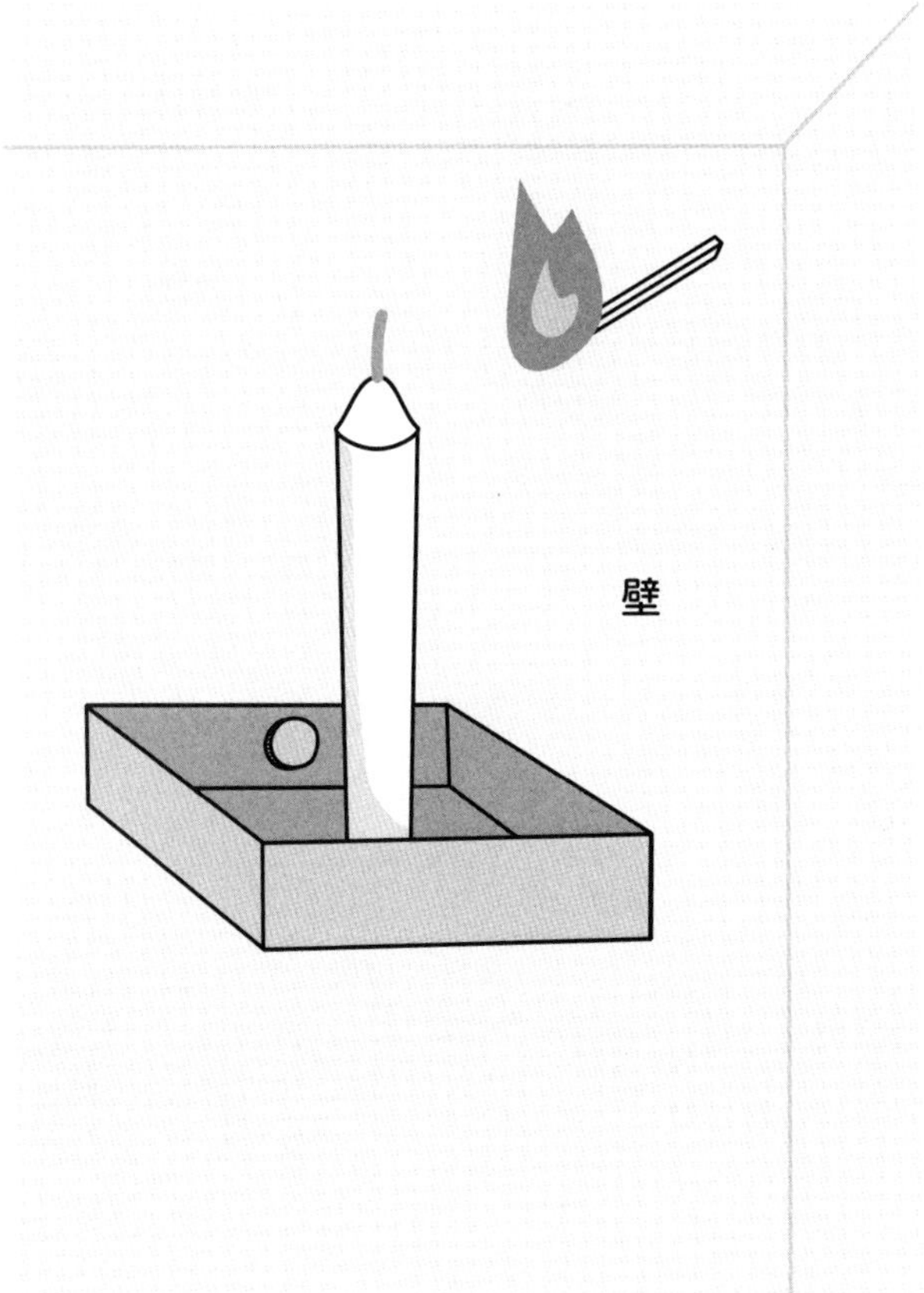

たとえば、ボランティア活動に従事する人に、「1時間1000円ね」と時給を払ってしまうと、逆に動いてくれなくなります。使命感でやっていた仕事に対してご褒美を与えると、ご褒美なしではやらなくなってしまうのです。

反対に、内発的動機づけは、「信頼されているからやりたい」「尊敬されるためにやりたい」などというように、自分自身がやりたい！　と思う動機づけを指します。好きなように、自由に動いてもらうほうが生産性は高くなり、新しいものを生み出せる可能性が高くなる。これがインセンティブにおける定説になっています。

記憶は1時間で半減。1日で2割しか残らない

☑ 記憶に頼らないことがミスを防ぐポイント

人間は忘れる動物で、記憶は弱いものです。悲しみや苦しみを忘れるのであればよいのですが、覚えておかなければならないことを忘れるのは困ります。

それを踏まえたうえでコミュニケーションをとることが、コミュニケーショントラブルを防ぐためのよい方法です。

心理学者のヘルマン・エビングハウスが提唱した**「エビングハウスの忘却曲線」**という、人の記憶に関するグラフがあります。

エビングハウスの忘却曲線では、人は学んだことを20分後には42％忘れ、1時間後には56％忘れ、1日後には74％忘れる、といわれています。

つまり、人の記憶は1時間で半減し、1日たつと2割ほどしか残らないということです（ちなみに、この実験で使用された記憶する内容は、意味のない言葉であり、学問など体系だった内容については、もっと忘れにくいとも言われています）。

いずれにせよ、人は忘れっぽい存在だということを踏まえておけば、それを踏まえた対策をとることができます。

たとえば、メールを送ってもなかなか見てくれない得意先の担当者については、メールを送ったあとに、電話で確認をとったり、見落としを防止するためにチャットを活用するといった方法もあります。

☑ 手帳やノートは1つにまとめる

中には、「やるべきことをたびたび忘れてしまい、上司からよく叱られてしまう」

という人もいるでしょう。

そんな人にオススメなのは、情報を一元化することです。メモでも何でも1つの手帳やノートに情報を集約するのです。

手帳や「ポストイット」など、あちこちにメモをしておくと、どこに何をメモしたかがわからなくなります。その結果、どこの何を見てよいかがわからなくなり、重要な情報が埋もれてしまうのです。

私の場合は、グーグルから出ている「Google Keep」というアプリに、日々のやるべきこと（To do）や講演をする際のネタ、あとで詳しく検索するためのキーワードなどをすぐに書くようにしています。さまざまなメモ帳やメモアプリを使いましたが、結局Google Keepに落ち着きました。

人が覚えることができる数字は7つまで

記憶についていえば、人が一度に覚えられる数字の限界は、7つ程度とされています。

アメリカの心理学者ジョージ・ミラーが行った実験によって明らかにされ、**「マジカルナンバーセブンの法則」**や**「ミラーの法則」**ともいわれています。

これは、チャンク（意味のあるかたまり）の数で7個ということですが、実際には、個人差もあり7プラスマイナス2程度のようです。

たとえば、電話番号も、ハイフンによって3～4つに区切られているのも、塊ごとに分けて覚えやすくするのが目的でしょう。

人が覚えられる数字はだいたい7つまでと心得ておけば、相手への伝え方、メモの取り方も変わってくるでしょう。

期限を決めないと人はいつまでも時間をかけてしまう

☑ 時間が限られているほうが集中できる

締め切りまで時間があったのに、なかなか思うように仕上げることができなかった――そんな経験は誰にでもあるでしょう。

イギリスの政治・歴史学者のシリル・ノースコート・パーキンソンという人物が、著書『パーキンソンの法則』で紹介した法則のうちの1つに**「人は時間があればあるほど、時間をかけて仕事をする」**という法則があります。

もともとは、「役人の数は仕事量に関係なく増え続ける」と、イギリス海軍が縮小することに対して海軍省の役人が増えていることを皮肉ったものでした。

この法則は、別の角度でいえば「仕事の量は、完成のために与えられた時間を満たすまで膨張する」という意味です。

本来であればすぐに終わる仕事であっても、時間に余裕があると思って、ギリギリまで粘って仕上げたり、本当はシンプルな案件なのにあれこれ考えて、複雑にしてしまったりすることがあります。その結果、成果は少ないのに時間はいつも不足してしまいます。

そんなことにならないためには、遊びや休みの予定を先に入れ、デッドラインをつくってしまうことです。仕事を工夫するようになり、早く終わらせることができるようになります。

仕事のあとに病院の予約を入れていれば、普段は1時間の残業で仕事を終えていても、できるだけ勤務時間内に仕事を片づけるようにするでしょう。

「仕事は忙しい人に頼め」という格言があります。

有能な人はあちこちからたくさん仕事を頼まれるので、どうしても忙しくなります。常に締め切りに追われているので、1つひとつの仕事にかけられる時間が短くなります。そのため、忙しい人に仕事を頼むとすぐに集中してよい仕事をしてくれるから、ということで、この格言が生まれたのでしょう。

そういう人は、人よりも多くの仕事をこなし経験も豊富になります。その結果、短い時間で、品質の高い仕事ができるようになります。

少数になれば精鋭になる

ある大企業では経営が傾きかけた際に、間接部門の人員のほとんどを営業や現場業務に回したことがあるそうです。

当初は本当に仕事が回るのだろうかという不安もありましたが、やってみると意外に間接部門は何とか仕事が回り、営業や現場は人員が増えたことで、業績が回復できたという事例があります。

「少数精鋭」と言うように、人数が少ないほど、限られた時間内でやらなければならない仕事が増え、人は精鋭化するともいえそうです。

２０１９年には有給休暇の５日間の取得義務が課され、取得できない場合は罰則なども発生することになりました。

人手不足の状況で５日間稼働できないというのは、多くの企業にとっては頭の痛いところです。しかしこの「有給休暇取得義務」によって、与えられた期間内に仕事を仕上げる方向に変わっていくのであれば、それは大いに歓迎すべきことといえるでしょう。

「数字」を鵜呑みにしてはいけない

☑ 数字を見極めるコツは「疑う」こと

ここまでは、ものごとを大づかみする場合の数字の考え方、数字にもとづいた仕事の仕方について述べてきましたが、大事なのは、さまざまな数字に対する接し方です。

数字はあいまいさのない明瞭な情報ですが、情報センスのある人ほど情報を鵜呑みにしません。

本当に**数字に強い人は、数字を疑う人**です。

こう言うと誤解を招くかもしれませんが、数字は時々人をだまします。

たとえば、100人にテストをした時、平均点が50点であっても、50点の人が一番多いとは限りません。100点満点が50人で、0点が50人という場合もあります。

この場合、平均点は50点ですが、50点を取った人は1人もいません。

2019年は、厚生労働省の「毎月勤労統計」など、政府の統計不正問題が注目を集めました。統計数字のような複雑な数字は、素人には理解しづらく、操作しようと思えばいくらでもできそうです。

現場を見ないとわからないこともある

話は違いますが、ニュースも疑うことが重要です。

権威のある報道機関から発信されたニュースには高い信頼性と説得力があります。しかし、ニュースを鵜呑《うの》みにすると、痛い目に遭いかねません。

伊藤忠商事の元会長の丹羽宇一郎氏が、著書『仕事と心の流儀』(講談社)に書いている、あるエピソードを紹介しましょう。丹波氏がニューヨーク勤務だった時、

「ニューヨークタイムス」に「今年は干ばつになる」という気象予測記事が掲載されました。穀物の担当だった丹羽氏は、不作によって高騰する前に買い込んでおこうと、大量の先物買いをしたそうです。

ところがその年は豊作で、高値で買い込んだ穀物による損失は、会社の1年分の利益に相当したといいます。

数年後、再び新聞に「今年は干ばつで農作物は不作」という予測記事が出ました。この時丹羽氏はレンタカーで何日かかけて現地に赴き、現地の人にも話を聞きます。すると、ことごとく新聞の予測と違い、作物は順調に育ち、現地の農家に尋ねても天候不良の影響はまったくない、ということでした。

そこで丹羽氏は、新聞の予測記事に反し、値下がりを見越した相場を張って、見事に前回の損失を取り返しただけでなく、さらに巨額の利益を会社にもたらしたそうです。

ニューヨークの経験を経て、丹羽氏は「現場を見て判断する」ということを、その後も徹底しました。

私も仕事柄いろいろな経営的な数字を目にしますが、出てきた数字を鵜呑みにしないように気をつけています。相手は正直に数字を提示しているつもりでも、出てきた数字が正しくないことがあります。

まずは疑い、すべての知識とこれまでの経験をもとに怪しいところを見つけ、そこを中心に再点検する。これが数字を見極めるコツなのです。

勘と数字は補完関係

数字を無視して正しい判断はできませんが、数字の危うさを補うことができるのは「正しい勘」です。**勘と数字は対立するものではなく、両立し相互に補完する関係**なのです。

ある大手食品会社の新社長に就任したA氏は、主に海外で実績を上げてきたので、国内市場にはやや疎い人でした。

次期の販売戦略を立案している時に、A氏はなぜわが社の製品はGMS（大型スーパー・量販店）向けばかりなのかと疑問をぶつけます。

担当者や役員は、自社の製品の購買層はファミリーで、GMSの主力ユーザーと一致している。だから、宣伝広告はその層に向かって行っているし、集客もできている。市場調査の結果も、数字をもとに説明しました。

数字のうえでは、担当者の言う通りです。

ところが、疑問を拭いきれなかったA氏は、販売現場であるGMSをはじめ、地方の中堅・中小スーパーの店頭へも自ら足を運びます。

その結果、たしかに調査結果の通りGMSでは自社製品よく売れているが、中堅・中小スーパーでは他社の製品が販売を伸ばしている。それは、単に自社製品が置かれていないからだ、ということに気がつきます。

A氏は自身の現場感覚から、市場調査の数字に違和感を覚えたのです。

これが「正しい勘」です。いわゆるヤマ勘とは異なるもので、知識や経験の裏付けのある直観が働いたということです。

前項の丹羽氏や大手食品会社のA氏のように、自分の判断の基軸を持つことは簡単ではありませんが、数字のセンスを磨くためには、どんな数字でも自分の基軸に照らし合わせ、本当に納得できるかどうか疑い、確かめるひと手間が必要です。

願望、思い込みで数字を見ない

数字を見る時に、気をつけていることがもう1つあります。

それは、**期待や思い込みで数字を選ばないこと**です。

投資などをしていると、ついつい期待して、よい情報にばかり目が行ってしまいます。反対に、あきらめ気味の時には、売り時を求めて悪い情報にばかり敏感になります。

人は見たい数字しか見ない。見たい数字は探してでも、見ようとするものです。

ですから、自分の意にかなう数字であっても、それが本当に道理にかなったものなのか、自分の利益や願望を除いて判断する姿勢が大事です。

こうした心構えと幅広い知識と経験を持つことが、仕事で数字を駆使できる人、正しい数字を見分けることのできる人になるための基本条件です。

ぜひ、数字に強くなって、上司や同僚、取引先に、一目も二目も置かれる存在になってください。

おわりに

最後までお読みいただき、誠にありがとうございました。

普段のビジネスの現場で役立つような、代表的な数字や法則を数多く紹介してきましたが、いかがでしたか。

第4章の最後でも触れましたが、数字に頼りすぎることは、実は危険な側面もあると思っています。

やはり、ビジネスでは三現（現場・現物・現実）主義が一番大事。数字だけを見て意思決定する前に、一度は現場の声を聞いておきたいものです。

案外、想定していなかった事実が見つかるかもしれません。

しかしながら、数字がなければ良い悪いの判断ができないことも事実です。

本書で紹介した数字やビジネスの法則を有効に活用していただきながら、明日から1つでも多くの数字を入れた会話ができたり、さらっとビジネス法則を言えたり、数字に基づいた判断ができるようになれば、私にとってこれほどうれしいことはありません。

最後に、本書はあさ出版の佐藤和夫社長に企画段階から本当に多くのご協力をいただきました。何よりまだまだ若造の私に、出版のGOサインを出していただいたのは本当にありがたく感じています。また、編集担当の中川さんには私の稚拙な文章に対するアドバイスなどをいただきました。本当にありがとうございました。

この場を借りて御礼を申し上げます。

2020年2月

山本峻平

livedoor NEWS　世界で最も読まれている人気の本ランキング 1位は「コーラン」マイナビ学生の窓口　2015年8月2日
https://news.livedoor.com/article/detail/10422404/ ,(参照 2020-01-29)

『ユースフル労働統計 2018』労働政策研究・研修機構

『労務時報』第3985号　役員報酬・賞与等の最新実態　2019年

『年収10倍アップの時間術』(永田 美保子著／クロスメディア・パブリッシング)

『修身教授録』(森信三著／致知出版社)

『中小企業の「支給相場＆制度」完全データ　役員報酬・賞与・退職金、従業員退職金、慶弔見舞金、高齢社員の待遇＆賃金、税理士等の顧問料』(日本実業出版社／エヌ・ジェイ出版販売［発売］2015年)

東京都産業労働局「中小企業の賃金・退職金事情」2018 年版
http://www.sangyo-rodo.metro.tokyo.jp/toukei/koyou/chingin/h28/ ,
（参照 2020-01-29）

グローバルノート　世界の名目 GDP 国別ランキング・推移（IMF）2018 年
https://www.globalnote.jp/post-1409.html,（参照 2020-01-29）

一般財団法人国土技術研究センター　意外と知らない日本の国土
http://www.jice.or.jp/knowledge/japan/commentary02 ,
（参照 2020-01-29）

World Data.info　Greenland
https://www.worlddata.info/america/greenland/index.php,
（参照 2020-01-29）

厚生労働省　人口動態調査
平成 29 年　第 7 表死因簡単分類別にみた性別死亡数・死亡率（人口 10 万対）
平成 28 年　第 7 表死因簡単分類別にみた性別死亡数・死亡率（人口 10 万対）
平成 19 年　第 6 表死亡数・死亡率（人口 10 万対），死因簡単分類別
平成 9 年　第 3 表死因簡単分類別にみた性別死亡数・死亡率（人口 10 万対）
https://www.mhlw.go.jp/toukei/list/81-1a.html ,（参照 2020-01-29）

グローバルノート　世界の殺人発生率　国別ランキング・推移
https://www.globalnote.jp/post-1697.html ,（参照 2020-01-29）

内閣府　平成 30 年交通安全白書　「道路交通事故による交通事故発生件数，死者数，負傷者数及び重傷者数の推移」
https://www8.cao.go.jp/koutu/taisaku/h30kou_haku/zenbun/genkyo/h1/h1b1s1_1.html ,（参照 2020-01-29）

文部科学省　資料 2-2　小学校における英語教育についての審議に関する参考資料　世界の母語人口（上位 20 言語）
https://www.mext.go.jp/b_menu/shingi/chukyo/chukyo3/004/siryo/attach/1379956.htm,（参照 2020-01-29）

大阪シティ信用金庫　アンケート調査結果「中小企業の夏季ボーナス支給予定」2019年6月25日
https://www.osaka-city-shinkin.co.jp/houjin/pdf/2019/2019-06-25.pdf，（参照 2020-01-29）

2018年「業歴30年以上の『老舗』企業倒産」調査　東京商工リサーチ
https://www.tsr-net.co.jp/news/analysis/20190131_04.html，（参照 2020-01-29）

帝国データバンクの数字でみる日本企業のトリビア　帝国データバンク
https://www.tdb.co.jp/trivia/index.html，（参照 2020-01-29）

2019年卒マイナビ企業新卒内定状況調査（2018年11月）　株式会社マイナビ
http://mcs.mynavi.jp/enq/naitei/data/naitei_2019_r.pdf，（参照 2020-01-29）

日本経済団体連合会　2015年4月28日「2014年9月度 退職金・年金に関する実態調査結果」
https://www.keidanren.or.jp/policy/2015/042.pdf，（参照 2020-01-29）

「通勤」の実態調査2014 アットホーム株式会社
https://www.athome.co.jp/contents/at-research/vol33/，（参照 2020-01-29）

「ビジネスパーソンの読書の実態調査」2018年9月8日 楽天ブックス
https://webtan.impress.co.jp/n/2018/10/16/30729，（参照 2020-01-29）

国税庁　平成29年度分「会社標本調査」調査結果令和元年6月 https://www.nta.go.jp/information/release/kokuzeicho/2018/kaisha_hyohon/index.htm，（参照 2020-01-29）

ＰＲタイムス「日本人女性の笑顔に関する調査」2015年2月20日　株式会社アテニア
https://prtimes.jp/main/html/rd/p/000000020.000010341.html，（参照 2020-01-29）

出典・参考資料

P19 図：トヨタ自動車株式会社　2019 年 3 月期　決算短信
https://global.toyota/pages/global_toyota/ir/financial-results/2019_4q_summary_jp.pdf ,（参照 2020-01-29）

P41 図：内閣府　県民経済計算（平成 18 年度 - 平成 28 年度）
県民総生産（生産性、名目）（平成 28 年度）、1 人当たり県民所得（平成 28 年度）
https://www.esri.cao.go.jp/jp/sna/data/data_list/kenmin/files/contents/main_h28.html ,（参照 2020-01-29）

P55 図：アジア大洋州局地域政策参事官室「目で見る ASEAN」（令和元年 8 月）ASEAN 経済統計基礎資料 他の地域経済統合体との比較（2018 年）
https://www.mofa.go.jp/mofaj/files/000127169.pdf ,
（参照 2020-01-29）

P57 図：三井物産戦略研究所「世界の産業の潮流と成長領域」2018 年 4 月 23 日　産業・業種別の時価総額の変動
https://www.mitsui.com/mgssi/ja/report/detail/__icsFiles/afieldfile/2018/06/14/180423x_noritake.pdf ,（参照 2020-01-29）

P61 図：WIPO　2019 年 PCT 年次報告　国際段階に関する統計 <PCT 出願 >
https://www.wipo.int/edocs/pubdocs/ja/wipo_pub_901_2019_exec_summary.pdf ,（参照 2020-01-29）

P63 図：文部科学省　文部科学統計要覧（平成 30 年版）科学技術・学術 < 国別・分野別のノーベル賞の受賞者数 >（1901 ～ 2017 年）
https://www.mext.go.jp/b_menu/toukei/002/002b/1403130.htm ,
（参照 2020-01-29）

P64 図：科学技術・学術政策研究所　科学技術指標 2018 【図表 1-1-1】主要国における研究開発費総額の推移
https://www.nistep.go.jp/sti_indicator/2018/RM274_11.html ,
（参照 2020-01-29）

P67, 69 図：経済産業省　平成 30 年企業活動基本調査速報 平成 29 年度実績
付表 7「産業別、一企業当たり付加価値額、付加価値率、労働分配率、労働生産性」
https://www.meti.go.jp/statistics/tyo/kikatu/result-2/h30sokuho.html ,
（参照 2020-01-29）

著者紹介

山本峻平（やまもと・りょうへい）

株式会社新経営サービス　シニアコンサルタント。
1991年、和歌山県生まれ。大阪教育大学教育学部卒業後、新経営サービスに入社。ベンチャー企業から中堅企業を対象に、経営計画の達成に向けたPDCAマネジメント支援や人事制度の構築・運用を通じた組織開発、教育研修の支援を実施。特に若手ビジネスパーソンを対象に「数字のつかみ方・使い方・伝え方」の重要性を指導、教育している。また経営理念・方針の実現と業績向上をモットーとし、顧客企業に深く入り込むスタンスでの支援に定評がある。経験業種・企業規模は多岐にわたる。

〈執筆実績〉
・「働き方改革」四つの環境づくり（日本道経会）
・改善提案があふれる組織にする３つの要素（日本道経会）
・社会教育の経営・生涯学習の支援（ノート）（秋田平和学習センター　大阪教育大学）
〈講演実績〉
・中小企業のための『働き方改革』事例公開セミナー（長野県経営者協会主催）
・人手不足時代に対応する「人事制度・教育制度」セミナー（大阪中小企業投資育成主催）
・働き方改革で人手不足に対応する7つの方法（名古屋中小企業投資育成主催）
・働きがいのある人事制度とは？（寺子屋プロジェクト主催）
・改善提案があふれる組織にする方法（大阪中小企業投資育成主催）
・社員が育つPDCAの仕組みづくり（大阪中小企業投資育成主催）

●株式会社新経営サービス　https://www.skg.co.jp/
●中小企業のための経営力強化ラボ　https://chusho-keiei.jp/

企画構成／亀谷敏朗

「数字《すうじ》」のコツ
商談《しょうだん》・会議《かいぎ》・雑談《ざつだん》でなぜか一目《いちもく》置《お》かれる人《ひと》が知《し》っている　〈検印省略〉

2020年　3　月　10　日　第　1　刷発行

著　者――山本　峻平（やまもと・りょうへい）
発行者――佐藤　和夫

発行所――株式会社あさ出版
〒171-0022　東京都豊島区南池袋 2-9-9 第一池袋ホワイトビル 6F
電　話　03（3983）3225（販売）
　　　　03（3983）3227（編集）
F A X　03（3983）3226
U R L　http://www.asa21.com/
E-mail　info@asa21.com
振　替　00160-1-720619

印刷・製本　神谷印刷（株）

facebook　http://www.facebook.com/asapublishing
twitter　http://twitter.com/asapublishing

ISBN978-4-86667-191-8 C2034